W0300879

GUTKiND

GUTKiND
www.gutkind-verlag.de

ISBN 978-3-98941-008-4

Umschlag: FAVORITBUERO, München
Autorenfotos: © Diana Pfammatter
Satz: Red Cape Production
Druck und Bindung: CPI books GmbH, Leck

MIX
Papier | Fördert gute Waldnutzung
FSC® C083411
FSC www.fsc.org

MARCEL MOSES

GENERATION TOXIC

DIE WAHRHEIT ÜBER DICH UND DEINE BEZIEHUNGEN

GUTKiND

INHALTSVERZEICHNIS

TRIGGERWARNUNG

Die Inhalte dieses Buches könnten dich emotional triggern, dich zur Selbstreflexion anregen und dein (psychologisches) Wissen massiv erweitern. Du könntest neue Perspektiven erlangen und über dich hinauswachsen. Fühlst du dich dazu bereit?

Dann würde ich dir gerne ein paar Gedanken und Themen anvertrauen. Behalte sie aber bitte für dich und erzähle sie nicht weiter.

Wobei ... Ich habe es mir anders überlegt. Erzähle sie am besten jeder Person, die du kennst!

Aber Achtung, es könnte sein, dass du plötzlich damit anfängst, dich selbst, deine Umgebung und andere Menschen in neuem Licht zu sehen. In jedem Fall wirst du dich, deine Beziehungen und deine Wahrheit neu kennenlernen.

Hast du Angst? Vor dem, was war, ist oder vor dem, was noch kommen könnte?

Wenn du jetzt einen Psychothriller erwartest, dann lass dir gesagt sein, dass Erwartungen ohnehin viel zu viel Druck auslösen. Wenn überhaupt, dann wäre dies der psychologisch zertifizierteste Psychothriller aller Zeiten [Woke-Edition], ohne Erwartungen und Druck. Versprochen!

Also bist du bereit?

TEIL 1

WER BIN ICH? WARUM FÜHLE ICH (SO)?

Liebe Post-2000 – Eine Bestandsaufnahme

Du und ich, wir sind Menschen. Und Menschen sind Individuen. Wir sind alle anders, und jede:r von uns hat eine andere Lebensgeschichte mit prägenden Momenten. Darunter können schöne Erinnerungen und Meilensteine sein, auf die wir gerne zurückblicken. Es können aber auch traumatische Erlebnisse und Erfahrungen von psychischer oder physischer Gewalt dabei sein, die uns ängstlich in die Zukunft blicken lassen. Dass wir alle anders sind, liegt also nicht nur daran, dass wir uns aufgrund unserer Genetik unterscheiden, sondern auch an dem, was wir im Laufe unseres Lebens erlebt haben.

Wie war das bei dir? Hattest du eine Kindheit geprägt von Gefühlen der Sicherheit, Stabilität und Leichtigkeit? Oder voller Chaos, Angst und Trauma? Bist du für die anderen „männlich" oder „weiblich" genug? Was ist mit dem dazwischen? Was sollen eigentlich immer diese ganzen Stereotype? Wurde dir schon mal dein Herz gebrochen? Oder warst du es, der oder die eines gebrochen hat? Bist du deutsch? Also deutsch-deutsch oder mit Migrationshintergrund?

Jede:r von uns ist anders. Unsere Persönlichkeit und unser Charakter sind einzigartig. Und wenn es uns mal nicht gut gehen sollte, dann liegt die Ursache dafür meist in der Tatsache, dass wir alle unterschiedliche Erfahrungen gemacht haben – positive wie negative –, mit denen jede:r von uns unterschiedlich umgeht. Doch mindestens eine Sache haben wir alle gemeinsam. Etwas ganz Bestimmtes prägt unsere Identität so stark wie nichts Vergleichbares. Sie sind bei uns allen komplett unterschiedlich und einzigartig, doch haben sie alle einen unglaublich starken Einfluss auf uns.

Sie sind überall, ständig präsent und für viele Menschen das ultimative Ziel im Leben. Wir bekommen sie vorgelebt, haben vielleicht schon einige geführt, trauern einer vergangenen nach, stecken aktuell in einer oder wünschen uns eine andere. Es gibt sie in unterschiedlichsten Variationen und Ausprägungen.

Wirklich jede einzelne von ihnen unterscheidet sich von der anderen. Ob es sich dabei um gesunde oder toxische handelt, sei mal dahingestellt. „Toxisch" wird doch sowieso viel zu inflationär benutzt, findest du nicht? Vielleicht ahnst du schon, worum es geht: richtig – um Beziehungen! Nichts prägt uns im Leben so sehr wie die Beziehungen, die wir führen. Sie können uns gut auf das Leben vorbereiten und stärken. Sie können uns das Gefühl von Glück, Liebe, Vertrauen und Sicherheit vermitteln, doch genauso können sie uns (temporär oder langfristig) schädigen, schwächen oder traumatisieren.

Dabei müssen Beziehungen nicht immer romantischer Natur sein. Wir führen freundschaftliche, familiäre, geschäftliche, gesunde, toxische, lange, kurze, leichte oder schwere Beziehungen. Nicht zu vergessen: die evolutionär gesehen wohl frischeste, wenngleich prägendste Beziehungsentwicklung der letzten Jahre, die alle anderen unserer Beziehungen auf den Kopf gestellt hat. Und nein, damit meine ich nicht die Beziehung von Johnny Depp und Amber Heard. Ich meine die Beziehung zu unserem Smartphone. Damit verbunden dann natürlich die Beziehung zum Internet, zu sozialen Medien, Dating-Apps, Pornografie oder all den schlechten Nachrichten, die uns tagtäglich über diverse, omnipräsente Wege erreichen.

Eine ganz besondere Beziehung sollten wir an dieser Stelle jedoch nicht unter den Teppich kehren. Ich würde sogar so weit gehen und behaupten, dass es sich bei dieser Verbindung um die wohl wichtigste von allen handelt. Diese Beziehung soll einen Einfluss auf alle anderen Beziehungen haben und diejenige sein, die wir nie aus den Augen verlieren sollten. Nein, es handelt es sich hierbei nicht um die Beziehung, die du als Teenager zu deinem Boy- oder Girlband-Crush hattest, auch nicht um die Beziehung zu deinem Tamagotchi oder deiner Kindergartenfreundin. Überleg noch mal kurz! Hast du's? Genau! Die Beziehung zu uns selbst, die wohl einflussreichste und wichtigste von allen.

So unterschiedlich all diese Beziehungen, die wir tagtäglich führen, auch sind – eines haben sie alle gemeinsam: Sie prägen uns, unsere Gedanken, unsere Gefühle und unser Verhalten. Beziehungen, die wir als ungesund wahrnehmen, wollen wir so schnell wie möglich hinter uns lassen, um neue, gesunde und glückliche Beziehungen aufzubauen. Doch was ist eigentlich eine glückliche und gesunde Beziehung? Was muss ich dafür tun? Wo soll man das bitte gelernt haben?

Unser Bildungssystem lehrt uns jahrelang die deutsche Grammatik, wie man Hypotenusen berechnet und was die Französische Revolution für die demokratische Ordnung gebracht hat. Doch wie wir gesunde zwischenmenschliche Beziehungen führen und aufrechterhalten können, steht nicht auf dem Stundenplan. Was, wenn meine Beziehung von der Norm abweicht und keinen heteronormativen, gesellschaftlich weit verbreiteten und als „normal“ angesehen Standards entspricht? – Führe ich dann eine schlechte Beziehung? Handelt es sich überhaupt um eine Beziehung?

Mutter-Vater-Kind – gesamtgesellschaftlich ist das wohl das Lebensmodell, nach dem die meisten streben beziehungsweise das den meisten von uns vorgelebt wurde. Aber was, wenn ich mir keine monogame Beziehung auf Lebenszeit vorstellen kann? Was, wenn Mutter-Vater-Kind einfach nicht meine Lebensrealität widerspiegelt, weil Sexualität kein starres, dichotomes Konstrukt ist und sich auf einem weiten Spektrum bewegt? Was, wenn ich nicht die Beziehungen eingehen kann, die ich gerne möchte, weil sie gegen Glaubenssätze, Traditionen oder andere Vorstellungen meiner Familie verstoßen? Gott bewahre! Kann ich überhaupt gute Beziehungen führen, wenn ich selbst nicht so recht weiß, wie ich gut zu mir selbst sein kann?

Irgendwie kann das alles schon ziemlich überfordern. Wer bin ich überhaupt? Das Wichtigste weiß ich: Mein Name ist Marcel, ich bin 1993 geboren und ich arbeite als Psychologe. Das bedeutet, dass ich viele Jahre damit verbracht habe, Psychologie zu studieren. In erster Linie bin ich aber ein Mensch. Geboren in der Stadt Delmenhorst in Niedersachsen (ja genau, da wo Sarah Connor herkommt), inzwischen bin ich aber Berlin-Zugezogener. Meine Pronomen sind er/ihn. Ich bin deutsch, mit Migrationshintergrund. Ich habe schon ein paar Mal gehört, dass ich dafür aber ziemlich gut Deutsch sprechen könne. Vielen Dank! Das nennt man dann übrigens positive Diskriminierung. Und ja, ich heiße Marcel, wirklich. Das glauben mir viele Menschen nicht, wenn sie mich sehen. „Marcel? Das hätte ich jetzt nicht erwartet! Wieso haben deine Eltern dich so genannt?“ – Wieso denn nicht? Wie sehen Deutsche in deiner Vorstellung denn aus?

Ich bin aufgewachsen zwischen zwei Kulturen – der deutschen und der aramäischen. Marcel, der norddeutsche „Ausländer". Der, der für viele nicht aussieht wie ein Marcel, sondern eher wie ein Mustafa (Shoutout geht raus an alle Mustafas). I'm not a kanack, not yet an alman! Und noch so viel mehr! Für viele meiner Freund:innen bin ich eine wichtige Bezugsperson, für meine Eltern ihr Kind, für meine Geschwister ihr Bruder. Dann bin ich aber auch noch mein Lebenslauf und natürlich meine selbst kuratierten Spotify-Playlists.

Aber zurück zur Frage: Wer bin ich wirklich? Und wer bist du? Sind wir einfach nur die Summe all unserer getroffenen Entscheidungen und gesammelten Erfahrungen? Sind wir unsere verflossenen Liebschaften? Sind wir, was wir denken? Oder doch nur unser individuelles Trauma, das wir gefühlt lebenslang zu lösen versuchen? Sind wir unser wahrhaftiges Selbst, wenn wir allein sind oder sozial interagieren? Bin ich das, was ich nach außen präsentiere, oder das, was ich innerlich fühle? Sind wir vielleicht Teil eines großen kollektiven Bewusstseins und alle miteinander verbunden? Wenn ja, wieso fühlen wir uns dann so oft so einsam? Wenn wir durch das Internet und unsere Smartphones Zugang zu gefühlt jedem Menschen auf der Welt haben, wieso sind wir trotzdem so oft allein? Wieso ist die Diskrepanz so groß zwischen dem, wie wir uns unser Leben und unsere Beziehungen in unserer Jugend vorgestellt haben, und dem tatsächlichen Empfinden im Hier und Jetzt?

Kann es sein, dass wir es verlernt haben, echte, authentische und tiefe Verbundenheit zu spüren? Wir sind Generation „Social Media", Generation „Du bist was Besonderes und hast das Beste vom Besten verdient", Generation „Selbstverwirklichung" und Generation „Selbstdarstellung". Manchmal habe ich aber auch das Gefühl, wir sind Generation „kollektive Psychose".

Die auffälligsten Symptome: Verlust von Mitgefühl und Verlust unserer eigenen Identität.

Wie können wir nun aber zurück zu uns selbst finden? Wie schaffen wir es, echte Beziehungen zu kreieren und Frieden mit den Dingen zu schließen, die uns belasten? Dazu sollten wir alle unsere bestehenden Beziehungen auf den Prüfstand stellen: Hast du eine gute Beziehung zu dir selbst? Und wie sieht es aus mit der Beziehung zu deiner Familie, deinen Freund:innen und deiner Liebesbeziehung? Zufrieden? Glückliche Kindheit gehabt? Nein? Dann ändere doch was! Aber was? Sollen wir uns von Dingen distanzieren, die uns triggern und dadurch aufwühlen? Oder kann unsere kollektive Psychose nur dann heilen, wenn wir damit anfangen, unsere Gedanken, unsere Gefühle und unser Verhalten zu beobachten und zu reflektieren?

Falls es Beziehungen gibt, die mich nicht triggern, dann bitte her damit. Denn ich habe ehrlich gesagt keine Lust mehr darauf, mich immer wieder zu distanzieren und noch mal von vorn anzufangen. Du etwa? Aber scheint ja irgendwie nicht so einfach zu sein. Überall Trigger, Trauma, toxische Personen und toxische Situationen. Dazwischen du und ich. Und Überforderung. Und manchmal auch Ratlosigkeit. Und die neueste *Tagesschau*-Eilmeldung auf deinem Handy, die uns vor dem drohenden Weltuntergang warnt. Aber kein Problem, schalte die Push-Benachrichtigungen einfach aus, und dann sollte es dir schon wieder viel besser gehen. Und wenn nicht, dann solltest du dich selbst einfach besser lieben lernen ... oder Yoga machen. Aber bloß nicht die Kontrolle über dein Leben verlieren! Fake it till you make it! Hab ich zumindest letztens irgendwo gelesen.

Tief einatmen, halten – noch einen kurzen Moment – und ausatmen! Ich weiß, sehr viele Themen, die ich da gerade angesprochen habe.

Falls du jetzt denken solltest, dass das alles existenzielle Fragen sind, deren Beantwortung die Lösung für (fast) alle zwischenmenschlichen Probleme bedeuten könnte: stimmt! Falls du jetzt auch denken solltest, dass es für die Klärung dieser Fragen schon zu spät ist, da unsere Gesellschaft unaufhaltbar immer narzisstischer wird und der Klima-Kipppunkt sowieso bald erreicht ist und es keinen Sinn mehr macht, an sich und seinen Beziehungen zu arbeiten: gewagte Hypothese, die würde ich noch mal überdenken.

Egal wie schwer sich einige Aspekte unserer Beziehungen manchmal auch anfühlen mögen, wir können ihnen nicht entkommen und sollten uns mit ihnen auseinandersetzen. Deshalb begeben wir uns jetzt gemeinsam auf die Suche nach Antworten. Antworten für uns selbst, und Antworten, die uns zu uns selbst führen. Und wie du schon mitbekommen hast: Die Beziehung, die du zu dir selbst führst, beeinflusst all deine anderen Beziehungen. Also lass uns gemeinsam herausfinden, wie wir uns, und damit auch andere, finden können.

Familienbiografie (im Brennpunkt) – Willkommen zu Hause!

Irgendwann haben wir alle das Licht der Welt erblickt. Oder wie es im *GZSZ*-Opener heißt: „Ein Leben, das neu beginnt!" Hallo – schön, dass es dich gibt, und schön, dass du da bist. Wieso weinst du? Wie geht es dir? Herzlich willkommen auf der Welt! Ich habe da noch eine Frage: Hast du schon mal was von Beziehungen gehört? Falls nicht, dann lass es mich dir erklären: Beziehungen, also Verbindungen zu anderen, sind das, was sich so viele von uns wünschen und wonach sich so viele von uns sehnen. Eine Beziehung steht für Vertrauen, Intimität, Nähe, Sicherheit und Liebe. Das brauche nicht nur ich, sondern auch du! Und das spüren wir besonders dann, wenn wir andere Menschen in unserem Leben haben. Menschen, mit denen wir das Leben teilen können. In jedem Fall sind wir alle auf sie angewiesen. Jede:r von uns hat mindestens eine, in den meisten Fällen haben wir aber eine Vielzahl von ihnen. Sie verbinden oder trennen uns voneinander. Sie können uns stärken, und wir können mit ihnen wachsen.

Gerade warst du noch so klein, jetzt bist du so schnell so groß geworden! Wenigstens weinst du nicht mehr. Mit wem hattest du denn deine erste Beziehung? Wer war deine erste große Liebe? Wen hast du das erste Mal geküsst und bei wem das erste Mal Herzschmerz verspürt? Wer konnte dir mit einem Wort oder einem Blick zum ersten Mal so richtig wehtun? War es jemand, den du in der Schule kennengelernt hast? Wie alt warst du, als das passiert ist? Alles ist gut, solange du da bist; ohne dich ist aber alles doof! Und nein, die Beziehung, die du zu deinem Tokio-Hotel- oder One-Direction-Poster hattest, zählt an dieser Stelle nicht. Ich meine deine erste echte Beziehung auf dieser Welt. Wie viele Lieder schon über die erste große Liebe geschrieben wurden! „First time, first love!“ Doch wenn es nicht Bill, Harry oder Celina aus der 5b waren, wer kann es denn dann gewesen sein? Wer sind denn die ersten Menschen, die wir in unserem Leben kennenlernen?

Wie du wahrscheinlich schon ahnst, handelt es sich hierbei um unsere Eltern oder unsere ersten Bezugspersonen. First love is daddy love, oder halt mummy love! Schließlich haben sie uns in diese Welt gesetzt und sich im besten Fall um uns gekümmert. Wo sollen wir als Babys denn bitte auch sonst jemanden kennenlernen? Wir können schließlich nicht einmal richtig laufen, geschweige denn sprechen. Und selbst wenn du deine Familie nervig, anstrengend oder langweilig gefunden hast, so einfach können wir sie ja nicht wechseln. Egal ob wir wollen oder nicht, wir haben alle einen familiären Ursprung und entdecken das Leben und die Liebe nicht allein, sondern mit unseren Eltern beziehungsweise unseren Bezugspersonen. Als erwachsene Personen können wir unsere eigene Familie gründen, Freund:innen als familiäre Erweiterung in unser Leben lassen oder uns von unserer Familie distanzieren und abwenden. Aber das wünschen wir so pauschal natürlich keinem, Familie ist schließlich wichtig. Blut ist immerhin dicker als Wasser, oder?

Das Konzept und der Begriff Familie sind jeder:m von uns bekannt, denn alle von uns haben eine, manche von uns sogar mehrere. Das bedeutet nicht, dass es in jeder Familie, ganz klassisch und heteronormativ, eine Mutter und einen Vater gibt. Außerdem hat nicht jede:r von uns Geschwister, Onkel, Tanten oder Cousins und Cousinen. Jede Familie ist anders – so wie wir. Es gibt Mutter, Vater, Kind, also das „gängige", „sozial erwünschte" Modell. Aber dann gibt es auch Familien mit nur einer Mutter oder nur einem Vater. Familien mit Mutter und Mutter oder Vater und Vater. Ich habe gehört, dass man diese Familien Regenbogenfamilien nennt. Es gibt jedoch nach wie vor so viele Familienkonstellationen, die nicht als „echte" Familien anerkannt werden. Wieso ist das immer noch so? Es sollte keine Rolle spielen, wie unsere Familien aussehen. Familie ist Familie. Das war schon immer so, ist so und wird auch immer so bleiben. Familien sind einzigartig. So gibt es auch welche, bei denen Mutter oder Vater keine große Rolle spielen und zum Beispiel Großeltern die primären und wichtigsten Bezugspersonen sind. Viele Familien funktionieren gut zusammen, bei anderen hingegen gibt es so viele Probleme und konfliktbehaftete Themen, dass sich niemand im familiären Umfeld gut um die kleineren Mitglieder kümmern oder für diese sorgen kann. Deshalb sind für viele von uns vielleicht auch Pflegefamilien, Adoptiveltern, Sozialpädagog:innen, Betreuer:innen oder das Jugendwohnheim eine Familie gewesen.

So wie wir uns alle voneinander unterscheiden, unterscheiden sich also auch unsere Familien voneinander. Alle anders, aber alle überlebenswichtig für uns. Familien sind die Basis unseres Lebens. Ein Hoch auf die Familie! Oder ist sie vielleicht doch nur ein Relikt aus alten Zeiten?

Apropos, *jetzt kurz durchatmen und alle zusammen – eins, zwei, drei, vier*:

> We are family,
> I got all my sisters with me.
> We are family,
> Get up everybody and sing!
>
> – Sister Sledge

Wie oft sie schon besungen und zelebriert wurden. *We are: family!* Was wären wir nur ohne sie? Sie sind Teil des Lebens, unserer Gesellschaft und man begegnet ihnen nicht nur überdurchschnittlich häufig in Berlin-Prenzlauer Berg, sondern überall – auf der ganzen Welt. Familien ohne Grenzen. Kein Wunder also, dass wir dem Thema Familie nicht so einfach entkommen können. Nicht umsonst gibt es so viele Filme, Serien, Lieder, Bücher oder andere Kunst zu diesem Thema. Sie gehen nämlich jede:n von uns etwas an. Wir lernen im Laufe unseres Lebens so viele unterschiedliche Familien kennen. Unsere eigene, die unserer Verwandten, die unserer Nachbar:innen, die Kelly Family, die Addams Family oder eben die Kardashians. Wir lieben Familien! Bros before hoes, sisters before misters. Sie haben einen großen Stellenwert in unserer Gesellschaft und sind Teil unserer täglichen Realität. Das mit der Realität ist ja manchmal so eine Sache. Denn wusstest du eigentlich, dass RTL uns all die Jahre hinters Licht geführt hat? Diese ganzen wilden Familiengeschichten, die uns da nachmittags in Formaten wie *Mitten im Leben* oder *Familien im Brennpunkt* präsentiert wurden – alles Fake, denn „alle handelnden Personen sind frei erfunden". Wie sie einfach mit dem Ruf der Familie gespielt haben und Millionen von uns jahrelang etwas vorgegaukelt haben. Wo sind Hans Meiser und Arabella Kiesbauer, wenn man sie braucht? Wieso muss die Realität denn überhaupt gescriptet werden? Das wahre Leben schreibt doch viel bessere Geschichten, als sich irgendwelche Redakteur:innen ausdenken können! Wieso anderen Familien beim Leben zuschauen? Wir haben doch unsere eigenen. Der beste Ort der Welt ist doch immer unser Zuhause, und Zuhause ist da, wo deine Familie ist! Und ohne sie wären wir heute nicht die Personen, die wir sind.

Die Mitglieder unserer Familien sind also unsere ersten wichtigsten Bezugspersonen. Familie sollte im besten Fall für Sicherheit und Geborgenheit stehen. Aber wenn mir zwanzig Staffeln von *Keeping up with the Kardashians* etwas beigebracht haben, dann, dass nicht immer alles so schön und einfach ist, wie es zunächst erscheinen mag. Unsere Eltern und anderen Bezugspersonen tragen viel Verantwortung. Sie haben großen Einfluss auf unser Leben und unsere Zukunft.

> Solange deine Kinder klein sind,
> gib ihnen Wurzeln,
> wenn sie größer werden,
> schenk ihnen Flügel.
>
> – Khalil Gibran, libanesisch-US-amerikanischer Maler, Philosoph und Dichter

Ohne eine Familie, egal wie diese auch aussehen mag, geht es also irgendwie nicht, gerade wenn wir noch kleine Menschen sind. Unsere Familien haben eine Vielzahl von Funktionen. Neben der Sicherheit und Geborgenheit sind sie verantwortlich für unsere Erziehung und unsere Sozialisation. Das bedeutet, dass wir von unseren Bezugspersonen lernen, um uns gesund entwickeln zu können. Wir werden im besten Fall gelobt, wenn wir etwas gut gemacht haben, und kritisiert, wenn wir uns nicht benommen oder etwas angestellt haben. Eltern sollten uns Grenzen aufzeigen, weil wir als Kinder noch lernen müssen, mit uns selbst und unserer Umgebung umzugehen. Diese Grenzen sollen unserem Schutz dienen.

Unsere Familie hat aber auch eine psychische und emotionale Funktion. Wir können das erste Mal spüren, was Liebe bedeutet, wenn unsere Eltern uns berühren, trösten, mit uns lachen oder mit uns weinen. Bedingungslose Anteilnahme und bedingungslose Liebe fördern und beeinflussen unser emotionales und geistiges Wachstum, und damit letztendlich auch unsere Identität.

In vielen Familien ist ebenso Religion ein prägender Teil der eigenen Identität. Sie haben also auch religiöse und ethische Funktionen. Innerhalb unserer Familien nehmen wir das erste Mal an Festen oder anderen Formen des sozialen Beisammenseins teil. Jede Familie hat zudem ihre eigenen Traditionen. Dabei spielt es erst mal keine Rolle, ob es sich hierbei um Traditionen handelt, mit denen wir uns identifizieren können oder nicht, oder ob uns diese guttun oder schaden. Wir werden Teil einer religiösen Gemeinschaft oder bekommen andere Wertvorstellungen und Glaubensansätze mitgegeben. Da wir als Säuglinge und Kinder hauptsächlich mit Spielen oder Hausaufgaben beschäftigt sind, haben unsere Familien ebenfalls eine wirtschaftliche Funktion. Wir müssen ernährt und gekleidet werden und brauchen ein warmes Dach über dem Kopf. Durch Schutz und Fürsorge soll dafür gesorgt sein, dass unsere Grundbedürfnisse abgedeckt werden. Zudem hat unsere Familie eine Freizeit- und Erholungsfunktion, wir lernen von ihr, wie wir unsere Freizeit gestalten und was wir mit ihr anstellen können.

Also alle Kinder einpacken, anschnallen und ab in den Freizeitpark! Wir unternehmen die ersten Urlaube und Ausflüge und entdecken vielleicht sogar unsere ersten Hobbys im familiären Rahmen. Als wäre das nicht schon genug, hat unsere Familie darüber hinaus eine politische Funktion, denn der soziale Status unserer Familie in der Gesellschaft beeinflusst auch noch heute unsere Ausbildung und gesellschaftliche Stellung als erwachsene Person. Ich weiß, keine erfreulichen Nachrichten, da wir kein Mitspracherecht haben, in welche Familie wir geboren werden.

Zu guter Letzt hat unsere Familie dann noch die rechtliche Funktion, dabei stehen Themen wie Unterhalt, Vormundschaften, Adoption oder Erbe im Mittelpunkt. Örtliche Zuständigkeit: Richterin Barbara Salesch – die regelt das schon!

Was lernen wir also daraus? Familien haben viele unterschiedliche Funktionen und Aufgaben. Sie beeinflussen uns also hinsichtlich unseres Mindsets, unserer Beziehungen, unserer Stellung in der Gesellschaft und dem, was wir sonntagvormittags so machen. Familien sollen uns auf das Leben vorbereiten und uns zu gesunden und glücklichen erwachsenen Menschen machen. Eine Familie, die alle wichtigen Funktionen erfüllt, stellt genau das sicher. Aber gibt es sie wohl wirklich, die perfekte Familie? Oder handelt es sich bei ihr – ähnlich wie das RTL-Nachmittagsprogramm – nicht eher um eine Illusion?

Wie ist deine Familie denn so? Hast du das Gefühl, dass du gut auf das Leben vorbereitet wurdest? Wurdest du gelobt, wenn du gute

Noten nach Hause gebracht hast? Haben deine Eltern dich in den Arm genommen, wenn du traurig warst? Konntest du dich ihnen anvertrauen? Wie war sie denn so, deine Kindheit? Ich hoffe für dich, dass sie unbeschwert war, sonst wurdest du ja schließlich nicht so gut auf das Leben vorbereitet. Falls das nicht der Fall sein sollte, dann tut mir das leid! Wir kriegen das aber schon irgendwie wieder hin. An alle anderen: Gibt es euch wirklich? Menschen, die sie hatten – eine von diesen unbeschwerten, glücklichen Kindheiten? Falls ja, dann freue ich mich sehr für euch. Herzlichen Glückwunsch! Dann sollte doch alles gut sein, oder?

An dieser Stelle würde ich euch gerne etwas anvertrauen. Ich hoffe aber, das bleibt unter uns: Unsere Eltern und Bezugspersonen sind auch nur Menschen. Das bedeutet, dass sie genauso Fehler machen oder eigene Probleme haben, die sie daran hindern oder gehindert haben könnten, sich ausreichend und gut um uns zu kümmern. So ist das eben im echten Leben: *Gute Zeiten, schlechte Zeiten*. Oder vielleicht doch gute Kindheit, schlechte Kindheit? Haben deine Eltern sich noch geliebt, als du ein Kind warst? Oder steckten sie gerade mitten in der Scheidung? Was war sonst noch so bei euch los? Viele Familien werden aus unterschiedlichsten Gründen auf Zerreißproben gestellt – die einen gehen gut mit ihnen um, den anderen fällt es schwerer.

Wir sollten jetzt verstanden haben, welche Funktionen eine Familie hat, wann eine Familie funktioniert und warum das so wichtig ist. Aber wann ist eine Familie toxisch oder dysfunktional? Was bedeutet das eigentlich?

Etwas ist toxisch, wenn es uns emotional oder physisch schadet. Dysfunktionale Familien sind diejenigen, bei denen die gerade beschriebenen Familienfunktionen nicht ausreichend, nur teilweise oder gar nicht erfüllt werden. Statt Liebe und Harmonie stehen Konflikte und Probleme auf der Tagesordnung. Unsere Bezugspersonen geben uns nicht mehr das, was wir eigentlich brauchen, sondern verhalten sich uns gegenüber schädigend und gehen nicht auf unsere Bedürfnisse ein. Sie missbrauchen ihre Funktion so sehr, dass letztendlich nicht mehr unser Wohlergehen im Mittelpunkt steht – eine toxische Umgebung.

Doch unsere Familien sind Teil unseres Lebens, wir haben uns an sie gewöhnt, und nicht immer hinterfragen wir ihre Funktionalität, vor allem im jungen Alter. Deshalb ist vielen von uns nicht klar, was für einen prägenden Einfluss unsere Bezugspersonen auf uns haben und hatten. Auch wenn Familien (fast) immer dieselben Aufgaben haben, so sind sie doch alle anders. Was alle gemeinsam haben: Sie haben uns geformt, tun dies noch immer und werden es wahrscheinlich auch zukünftig tun. In welchem Ausmaß der Umgang mit unseren Bezugspersonen uns prägt und wie sehr diese unsere Gedanken, Gefühle und unser Verhalten beeinflussen, ist schon lange bekannt. „Durch Liebe und Schmerz wird in guten und in schlechten Zeiten dein Schicksal bestimmt …" Vor allem, wenn du noch ein Baby oder Kleinkind bist!

(Un-)Sicherheit – (Ent-)Bindung

Unsere kleinkindliche Bindung kann die Art, wie wir als erwachsene Personen lieben und leben, also stark beeinflussen. Gerade die ersten Lebensmonate sind besonders prägend und wichtig. Unsere Gedanken, Gefühle und unser Verhalten werden davon beeinflusst, wie wir unsere ersten Bindungen erlebt haben. Ich bin aber nicht der Begründer dieser Theorie. Nein, auch nicht Angelika Kallwass. Sie ist zwar eine richtige Psychologin, war aber mehr mit der Pseudorealität und Pseudobeziehungen beschäftigt als mit dem wahren Leben – Scripted Reality halt. Bindungen und ihr Einfluss auf uns wurden tatsächlich wissenschaftlich erforscht – von der Psychologie. Psychologie, das ist der Studiengang, in den nur wenige reinkommen, weil der Numerus clausus einfach viel zu hoch ist. Der Studiengang, bei dem man vorher glaubt, dass man endlich mal was mit Menschen machen kann, sich letztendlich aber hauptsächlich mit statistischen Analysen herumschlagen muss. Zum Glück habe ich Statistik überlebt und bin nach einer langen Odyssee nun einer von ihnen, diesen Psycholog:innen. Aber was ist Psychologie eigentlich genau?

Wissenschaftler:innen haben sich auf eine Definition geeinigt, welche die Psychologie kurz und knapp zusammenfasst: Die Psychologie ist die Wissenschaft von den bewussten, aber auch den unbewussten psychischen Vorgängen. Sie ist die Wissenschaft, bei der das Erleben und das Verhalten des Menschen im Mittelpunkt stehen. Im Wort Psychologe steckt nicht nur „Psycho", das immer wieder missbräuchlich verwendet wird – worauf wir später noch zu sprechen kommen –, sondern auch das Wort „Psyche". Die Psyche steht fachsprachlich für die Gesamtheit des menschlichen Fühlens, des Empfindens und des Denkens. Die Wörter Psyche und Seele haben weitestgehend dieselbe Bedeutung. Der Begriff „Psychologie" stammt aus dem Griechischen und setzt sich zusammen aus den Wörtern „psyche", was Seele oder Gemüt bedeutet, und „logos", was Wissenschaft oder Studium bedeutet. Psychologie, die Wissenschaft der Seele also. Was brennt dir denn so auf der Seele? Bist du denn auch immer mit ganzer Seele dabei? Was würdest du sagen? Wie geht es deiner Seele so? Seelenfrieden? Nein? Wie denn auch? Was wir im Laufe unseres Lebens erleben, kann für unsere Seelen manchmal eine große Herausforderung sein. Jede Seele ist anders und damit auch wir. So komplex, so vielfältig und so divers.

Doch was machen wir, wenn es unserer Seele mal nicht gut gehen sollte? Wenn wir uns körperlich verletzen oder erkranken, dann gehen wir in den meisten Fällen zum Arzt. Doch wohin gehen wir, wenn es uns seelisch nicht gut geht? Was, wenn selbst deine Lieblingsserie oder deine Seelenfrieden-Playlist dich nicht besser fühlen lässt? Oder deine Freund:innen dir nicht weiterhelfen können, weil sie gerade zu sehr mit sich selbst beschäftigt sind? Wenn unsere üblichen Bewältigungsstrategien nicht mehr greifen und wir uns nicht gut fühlen, dann helfen uns im besten Fall Psycholog:innen und Psychotherapeut:innen im Rahmen von Beratungen oder Therapien.

Die Psychologie hilft uns dabei, das Verhalten anderer Menschen besser verstehen, erklären oder vorhersagen zu können. Wann bist du glücklich und zufrieden? Was macht dich traurig? Was macht das mit dir, wenn ich dich nach deiner letzten, gescheiterten romantischen Beziehung frage? Wieso wirst du immer so wütend, wenn ich dich kritisiere? Zusammenhänge herstellen, Verhalten analysieren und einordnen oder Prognosen erstellen, das können nicht nur Psycholog:innen, das können und machen wir alle in gewisser Weise in unserem alltäglichen Leben. Wir machen unsere Annahmen und Vorhersagen an bestimmten Anhaltspunkten fest, die auf unserem eigenen Wissen und unseren eigenen Erfahrungen basieren. In anderen Worten: Unsere Erfahrungen lassen uns in bestimmten Situationen Schlüsse ziehen. Diese Urteile können allerdings verzerrt oder ungenau sein und sind deshalb nicht immer treffsicher. Nur weil wir denken, dass wir das Verhalten einer bestimmten Person prognostizieren können, heißt es noch lange nicht, dass wir das auch bei anderen könnten. Hier kommen wiederum studierte Psycholog:innen ins Spiel. Die Psychologie ist eine Wissenschaft, bei der Expert:innen allgemeingültige Regeln im Erleben und Verhalten von Menschen aufstellen – keine verzerrten und ungenauen, sondern evidenzbasierte und wissenschaftlich fundierte Aussagen.

Doch es ist egal, ob wir Psychologie studiert haben oder nicht. Sie begegnet uns immer wieder, und wir werden ständig und überall mit ihr konfrontiert, und das nicht nur in der neuesten Ausgabe der *Brigitte*. Alltags- oder Küchenpsychologie nennt man das. Wir bekommen immer wieder Ratschläge mitgegeben, egal ob von Familie, Freund:innen oder dem Internet. Das ist gestört, das ist gesund, das tut dir gut und das aber nicht. Das ist einfach nur toxisch, und das hier ist eine Red Flag!

Psychologie ist sehr beliebt, und selbst wenn wir sie nicht studiert haben oder nie Psycholog:innen getroffen haben, ist sie uns allen ein Begriff. Doch wie schon gesagt, Alltagspsychologie ist keine wissenschaftliche Psychologie und dementsprechend nicht immer dazu geeignet, um uns in persönlichen Krisen wirklich voranzubringen und weiterzuhelfen. Da sind Psycholog:innen und Psychotherapeut:innen die bessere Anlaufstelle. Der Unterschied zwischen diesen beiden Berufsbezeichnungen besteht darin, dass Psychotherapeut:innen nach dem Psychologiestudium noch eine zusätzliche Therapieausbildung absolviert haben.

Kommen wir aber wieder zurück zum Thema Beziehungen und Bindung. Unsere frühkindlichen Bindungen haben, wie wir inzwischen herausgefunden haben, einen starken Einfluss auf uns. Psychologisch nachvollziehbar ist das dank der Bindungstheorie, die vom britischen Psychoanalytiker und Kinderpsychiater John Bowlby theoretisch entwickelt und der US-amerikanisch-kanadischen Psychologin Mary Ainsworth praktisch erprobt wurde.

Bowlby ist davon ausgegangen, dass wir Menschen mit einem bestimmten Verhaltenssystem geboren werden, das wir zum Überleben benötigen. Die Beziehung, die zwischen kleinen Kindern und ihren Bezugspersonen besteht, ist auf der einen Seite durch das Bindungsverhalten der Kinder charakterisiert, auf der anderen Seite durch das Fürsorgeverhalten der Eltern. Das sogenannte Bindungsverhalten könne man demnach schon ab dem ersten Lebensjahr beobachten, und es tritt vor allem in neuen, bedrohlichen Situationen auf. Einjährige Kinder können wir aber nur in den seltensten Fällen zu ihrem Bindungsverhalten befragen. Da kommt es doch gelegen, dass sich dieses auch beobachten lässt. Das Bindungsverhalten äußert sich durch Klammern, Weinen, Hinterherlaufen oder Schreien. Es gibt aber noch das sogenannte Explorationsverhalten. Dieses tritt auf, wenn die Kinder sich sicher und geborgen fühlen, und zeigt sich durch die Erkundung der Umgebung, auch wenn diese neu ist und dadurch zunächst bedrohlich erscheinen kann. Das Bindungsverhalten zeigt sich bei Kindern entsprechend, wenn sie sich unsicher oder unwohl fühlen. So weit, so gut, von der Theorie in die Praxis! Ainsworth erprobte dieses Bindungskonzept im Rahmen eines psychologischen Experiments mit Mutter und Kind. Wer braucht denn da noch *Zwei bei Kallwass*?

Zwei bei Ainsworth – Thema heute: Die Bindung zwischen Mutter und Kind. Unsere Gäste: Mütter und ihre einjährigen Kinder. Nicht nur in unserem Unterhaltungsprogramm erwartet uns ein striktes Skript. Nein, auch in Ainsworths psychologischer Verhaltensbeobachtung ist die jeweilige Umgebung für alle teilnehmenden Personen identisch, also standardisiert. Nur so ist gewährleistet, dass alle die gleichen Voraussetzungen haben und das beobachtete Verhalten vergleichbar ist. Es soll keine Störfaktoren geben, außer diese sind Teil der Verhaltensbeobachtung. Das Bindungsverhalten wurde in diesem Fall erforscht, indem Mutter und Kind in ein Spielzimmer gebracht wurden, das beiden vorher unbekannt war. Mit anwesend im Raum war eine Testperson, die Teil der Untersuchung war. Es wurde davon ausgegangen, dass das Explorationsverhalten auftritt, wenn wir uns sicher und geborgen fühlen. Das bedeutet, dass die Kinder damit anfangen, die neue Umgebung zu erkunden und mit ihr zu interagieren, also zu spielen, wenn sich die jeweilige Mutter im Raum befindet. Wenn die Mutter den Raum verlässt, was Teil des Experiments war, dann sollte theoretisch das Bindungsverhalten aktiviert werden. Das würde daran liegen, dass das Kind sich nicht mehr wohl und sicher in der fremden Umgebung fühlt und folglich anfängt zu weinen und zu schreien. Kommt dir das nicht auch bekannt vor? Das ist ein bisschen so wie unser erster Tag im Kindergarten. Kannst du dich noch an den erinnern? Kommen Bilder in deinem Kopf auf, wie du deiner Mutter dabei zusiehst, wie sie den Raum verlässt, und du ihr verzweifelt hinterherweinst? Wie war es? Was bedeutet das? Was hast du für einen Bindungsstil, wenn du geweint hast? Was für einen, wenn nicht? Wie hast du dich verhalten? Wie haben die Kinder im Spielzimmer reagiert?

Fangen wir mal an mit der sicheren Bindung (Bindungsstil 1). Was bedeutet das eigentlich, und wie zeigt sie sich? Es kam bei sicher gebundenen Kindern zu einem Wechsel von Bindungs- und Explorationsverhalten. Das Bindungsverhalten wurde dabei durch die Trennung von der Mutter ausgelöst. Sobald die Mutter den Raum verlassen hat, fingen die Kinder an, zu weinen und zu schreien, sie ließen sich auch nicht von der fremden Testperson vollständig beruhigen oder trösten. Sie drückten ihre Gefühle frei aus. Im Verlauf des Experiments kehrte die Mutter dann wieder in den Raum zurück, was bei den Kindern auslöste, dass sie ihre Nähe suchten, sich von ihr trösten ließen und danach das Spielen fortsetzten. Weitere Untersuchungen konzentrierten sich auf Cortisol-Messungen. Hierbei handelt es sich um ein Hormon, das vor allem dann ausgeschüttet wird, wenn wir gestresst sind. War die Ladung des Stresshormons nach dem Abgang der Mütter sehr hoch, so nahm sie wieder ab, als sie in den Raum zurückkehrten.

Diese Reaktion resultiert aus dem Bindungsverhalten der Eltern zu ihren Kindern, vor allem in den ersten Lebensmonaten. Die Eltern und Bezugspersonen sind entweder auf die Bedürfnisse der Kinder eingegangen oder haben diese ignoriert oder sich nicht ausreichend mit ihnen auseinandergesetzt. Bei sicher gebundenen Kindern verhalten die Eltern oder Bezugspersonen sich sehr feinfühlig mit ihren Kindern und gehen auf ihre Bedürfnisse ein. Die Kinder lernen also, dass sie sich auf ihre Mütter oder Bindungspersonen verlassen können. Im Erwachsenenalter äußert sich eine sichere Bindung dadurch, dass wir uns sicher damit fühlen, uns auf andere Personen zu verlassen. Genauso wohl fühlen wir uns damit, wenn andere sich auf uns verlassen. Sicher gebundene Personen können sich mit einem guten Gefühl auf andere Personen einlassen, gesunde Beziehungen führen und diese auch aufrechterhalten. Doch eine sichere Bindung gibt es leider nicht per Direktkauf in der Online-Bestellung, (noch) nicht in deiner Prime-Mitgliedschaft enthalten.

Wie schön es doch wäre, wenn wir alle sicher gebunden wären. Was wir uns da an Stress und Herzschmerz sparen könnten. Die Realität sieht jedoch anders aus. Der zweite Bindungsstil ist nämlich die unsicher-vermeidende Bindung (Bindungsstil 2). Da wären wir wieder bei den ganzen Unsicherheiten. Hier ist das Bindungsverhalten kaum, das Explorationsverhalten hingegen besonders ausgeprägt. Unsicher-vermeidend gebundene Kinder fingen, im Gegensatz zu den sicher gebundenen Kindern, nicht an zu weinen, wenn die Mutter den Raum verließ, und spielten unbeirrt weiter, sogar mit der Testperson. Selbst als die Mutter den Raum wieder betrat, schien es die Kinder nicht wirklich zu interessieren. Sicher gebundene Kinder lassen ihren Gefühlen freien Lauf, unsicher-vermeidend gebundene Kinder scheinen hingegen Probleme damit zu haben, ihre Gefühle zum Ausdruck zu bringen. Dass es den Kindern nicht egal war, dass ihre Mutter den Raum verlassen hat, lässt sich durch das Cortisol-Level nachweisen. Dieses stieg an, als die Mutter ging, und war sogar nach ihrer Rückkehr deutlich erhöht. Diese Kinder sind also gestresst, können es aber nicht zeigen. Warum verhalten sich diese Kinder so? Was ist bei ihnen anders als bei den sicher gebundenen Kindern? Diese Kinder bekommen zu Hause nur wenig Nähe und Sicherheit vermittelt. Sie werden nicht in den Arm genommen, teilweise ist den Müttern oder Bindungspersonen enger Körperkontakt unangenehm. Als erwachsene Person fühlen wir uns mit diesem Bindungsstil folglich unsicher in Beziehungen und vermeiden diese. Partner:innen werden auf Abstand gehalten und es besteht die Angst, dass eine potenzielle oder die bestehende Beziehung der eigenen Freiheit im Weg stehen könnte. Schon mal etwas von Bindungsängsten gehört?

Als wären das nicht schon genug Unsicherheiten, wartet nun noch der dritte, der unsicher-ambivalente Bindungsstil (Bindungsstil 3) auf uns. Bei Kindern mit dieser Bindung überwiegt das Bindungsverhalten, und das Explorationsverhalten nimmt eher einen kleinen Teil ein. Im Experiment von Ainsworth zeigten sich diese Kinder stark verunsichert, als die Mutter den Raum verließ. Sie rannten zur Tür, weinten und schrien. Diese Kinder konnten weder von der Testperson beruhigt werden noch von der Mutter, denn nach der Rückkehr der Mutter näherten sich die Kinder dieser zwar wieder an, stießen sie aber gleichzeitig immer wieder von sich weg. Sie hatten sich kaum mit dem Raum, der Testperson und ihrer Umgebung beschäftigt und nicht gespielt. Wie ihr euch wahrscheinlich denken könnt, war auch ihr Stresslevel im Körper sehr hoch, nicht nur beim Verlassenwerden, sondern auch nach der Rückkehr der Mutter. Bei Familien mit Kindern, die einen solchen Bindungsstil haben, begegnen die Eltern ihren Kindern sehr ambivalent. Entweder sind sie sehr feinfühlig und vermitteln ihren Kindern Sicherheit und Nähe, oder das genaue Gegenteil. Die Kinder haben also kein Gefühl dafür entwickeln können, wie ihre Mutter auf sie reagieren wird, weshalb sie mehr Bindungsverhalten zeigten, um potenziell den Schutz ihrer Mutter zu erlangen. Bei erwachsenen Personen, die unsicher-ambivalent gebunden sind, ist es sehr wahrscheinlich, dass sie in Beziehungen immer wieder Angst davor haben, verlassen zu werden. Außerdem bestehen sehr hohe und manchmal unrealistische Erwartungen an die Partner:innen im Speziellen und unsere Beziehungen im Allgemeinen. Schon mal was von Verlustängsten gehört?

Der letzte Bindungsstil ist die desorganisierte Bindung (Bindungsstil 4), bei der sich bei den Kindern im Experiment bizarre Verhaltensweisen beobachten ließen, als diese sich allein im Raum befanden. So machten sie beispielsweise immer wieder dieselben Bewegungen und zeigten keine emotionale Reaktion. Zudem hatten sie keine wirkliche Strategie bei der Rückkehr der Mutter. Statt Sicherheit und Vertrauen herrschte eher Überwältigung und Ohnmacht. Das Stresslevel, gemessen am Cortisolspiegel, war bei dieser Gruppe durchgängig erhöht. Ein solches Verhalten resultiert zumeist aus Beziehungsmustern, in denen Eltern ihren Kindern in einigen Momenten zwar Sicherheit bieten, ihnen gleichzeitig aber auch Angst machen. Diese Kinder bekommen zu Hause nicht die Aufmerksamkeit, die sie verdient hätten. Sie machen zudem häufig Erfahrungen mit emotionalem, körperlichem oder sexuellem Missbrauch. Die jeweiligen Bezugspersonen leiden häufig unter psychischen Erkrankungen, seien es Depressionen oder Abhängigkeiten, weshalb sie sich nicht ausreichend um ihre Kinder kümmern können. Diese Kinder sind in den meisten Fällen also traumatisiert und haben das Trauma nicht richtig verarbeiten können. Sie suchen Nähe und Zuwendung, was jedoch häufig in Missbrauch endet. Erwachsenen Personen mit diesem Bindungsstil fällt es schwer, gesunde Beziehungen einzugehen. Sie befinden sich sehr häufig in ungesunden, toxischen Beziehungen, in denen es auch immer wieder zu körperlichen Auseinandersetzungen kommen kann.

Doch was können wir dagegen tun, wenn wir nicht sicher gebunden sind und deshalb Probleme und Konflikte mit potenziellen und bestehenden Beziehungen haben? Wie können wir unsere Bindungsprobleme hinter uns lassen?

Der erste Schritt ist Verständnis und Einsicht in die eigene Bindungsgeschichte und die damit verbundenen Probleme. Wir sollten, vor allem wenn wir unsicher-vermeidend gebunden sind (Bindungsstil 2 aus dem Experiment), den Gefühlen anderer, aber auch unseren Gefühlen Raum geben, uns bezüglich unserer Emotionen austauschen und diesen freien Lauf lassen. Nur so können wir neue Erfahrungen sammeln und unsere Ängste loslassen. Wenn wir unsicher-ambivalent (Bindungsstil 3) gebunden sind, sollten wir unsere Gefühle und Erwartungen so regulieren, dass wir andere und uns selbst nicht zu sehr unter Druck setzen. Einsicht und Kommunikation sind also Beschleuniger, wenn es um die Überwindung von unsicherer Bindung geht. Einige Bindungstraumata sitzen jedoch so tief, dass wir sie nur mit professioneller Unterstützung bewältigen können.

Was lernen wir aus dem Ganzen? Eltern und Bezugspersonen haben einen großen Einfluss auf unsere Entwicklung und können diesen Einfluss sinnvoll nutzen und uns stärken oder ihre Macht missbrauchen und uns damit schädigen. Aber was ist Missbrauch eigentlich genau? Was macht es mit uns, wenn wir von unseren Bezugspersonen nicht das bekommen, was wir brauchen, und was macht das letztendlich mit unseren Beziehungen?

(Miss-)Brauch und (Familien-)Trauma

Im Laufe unseres Lebens werden wir mit vielen Themen und Situationen konfrontiert, die wir am liebsten direkt wieder vergessen würden. Nicht immer blicken wir gerne auf vergangene Erinnerungen zurück, da sie uns wehtun können – das ist die Realität. Sie können uns aufwühlen und verletzen – das ist menschlich. Es sind Themen, bei denen wir plötzlich einen ernsten Ton anschlagen. Themen, die für viele von uns sehr sensibel sind. Daher scheint mir nicht nur ein ernsterer, sondern vor allem ein respektvoller Ton an dieser Stelle wichtig. Trotzdem sollten wir über diese Themen sprechen, gerade weil sie so viele von uns betreffen. Wir sollten Gespräche führen, die uns bei der Verarbeitung dieser wunden Punkte helfen und voranbringen können. Missbrauch ist ein ebensolches Thema. Doch wie kann Missbrauch sich in einer Familie zeigen? Was sind die Konsequenzen? Und wie geht man „richtig" mit ihm um?

Vorweg: So wie du und ich, sind auch – wie gesagt – unsere Eltern und Bezugspersonen nur Menschen. Das bedeutet, dass auch sie Fehler machen können. Trotz ihrer eigenen Probleme und Konflikte können sie dafür sorgen, dass wir eine glückliche und zufriedene Kindheit haben, indem sie uns vor ihren Schatten schützen. Sie stellen in diesen Fällen unser Wohl in den Mittelpunkt. Das ist aber nicht in jeder Familie so, da viele von uns im Laufe ihres Lebens von den Personen, die uns eigentlich beschützen sollten, psychisch oder physisch missbraucht werden. Doch was bedeutet das eigentlich?

Von körperlichem Missbrauch spricht man dann, wenn eine Person körperlich angegriffen, verletzt oder geschlagen wird, im Familiensetting kann das vor allem durch Bestrafungen geschehen. Typische Beispiele für körperlichen Missbrauch und körperliche Gewalt in Familien sind Schütteln, Schlagen oder Fallenlassen der Schutzbedürftigen. Auch sexualisierte Gewalt ist eine Form von körperlichem Missbrauch. Emotionaler Missbrauch hingegen ist gekennzeichnet durch ein regelmäßiges Muster von verbalen und nonverbalen Angriffen auf Personen. Im Familiensetting kann sich das beispielsweise darin zeigen, dass wir immer wieder kritisiert, kontrolliert, manipuliert oder vernachlässigt werden. Emotionaler Missbrauch ist charakterisiert durch ein Ungleichgewicht zwischen Täter:in und Opfer, also bei Familien zwischen den Bezugspersonen und ihren Kindern. Der:die Täter:in ist in einer übergeordneten Position, verfügt über mehr Macht als das Opfer und missbraucht diese Macht.

Doch es gibt auch andere, zunächst milder erscheinende Formen von Missbrauch. Erinnern wir uns zurück an die Funktionen, die eine Familie hat. Eltern und Bezugspersonen können ihre Macht auch dann missbrauchen, wenn sie ihre Funktionen nicht erfüllen und allgemein unser Wohlergehen nicht mehr im Mittelpunkt steht. Das resultiert nicht selten darin, dass wir Probleme im Umgang mit anderen Menschen und uns selbst entwickeln. Familien erfüllen ihre Funktion nicht ausreichend, wenn wir keinen Zusammenhalt in ihnen spüren. Eine Familie sollte eigentlich ein starkes Team sein, doch manchmal fühlen wir uns von ihr im Stich und allein gelassen. Wir spüren in diesen Fällen kein Gefühl von Verbundenheit oder Zugehörigkeit.

Es hat auch einen negativen Einfluss auf uns, wenn wir uns zu Hause weder gehört noch gesehen fühlen und wir keine Regeln und Pflichten haben, die uns begrenzen und uns dadurch

Struktur geben. Denn hierbei stehen nicht unsere, sondern eher die Bedürfnisse der Bezugspersonen im Mittelpunkt. Das äußert sich zum Beispiel in unkontrolliertem Medienkonsum, also wenn wir den ganzen Tag TV schauen oder am Handy spielen dürfen oder wir keine gemeinsamen Mahlzeiten als Familie einnehmen.

Eltern können ihr Machtverhältnis und die Abhängigkeit der Kinder von ihnen zudem dann ausnutzen, wenn sie ihnen zu Hause eine bestimmte, negative Rolle zuschreiben. Warst du beispielsweise ein „Problemkind"? Oder warst du immer der „Sündenbock"? Das Kind wird für diverse Probleme, mit denen die Eltern sich eigentlich konstruktiv, also hilfreich für alle Beteiligten, auseinandersetzen sollten, verantwortlich gemacht. Kinder mit einer solchen Rolle spüren ein tiefes und belastendes Gefühl von Scham und Schuld, das sie nicht so einfach wieder ablegen können.

Missbrauch findet ebenfalls statt, wenn uns zu wenig oder keine Aufmerksamkeit geschenkt wird oder unsere Grenzen, die uns eigentlich schützen sollten, immer wieder überschritten werden. Das ist dann der Fall, wenn wir zum Beispiel übermäßig kontrolliert werden oder keine Rückzugsorte haben. Wenn unsere Eltern selbst psychisch erkrankt sind oder sich selbst nicht gut für sich sorgen, dann sind sie häufig nicht in der Lage dazu, adäquat mit uns zu kommunizieren. Einige von ihnen bestrafen uns bei Konflikten zum Beispiel mit Liebesentzug – auch das ist eine Form von Gewalt!

Im Wort „Missbrauch" steckt auch das Wort „Brauch". Bräuche, das sind Gewohnheiten, die aus einer früheren Zeit stammen und sich in Gemeinschaften in bestimmten Formen ausgebildet haben. Bräuche können Rituale, religiöse Ansichten oder Familientraditionen sein. Sie können uns einerseits ein Gefühl von Gemeinschaft geben und uns bereichern, auf der anderen

Seite können sie uns massiv schaden und traumatisieren. Denk doch nur mal an die jungen Menschen, die gegen ihren Willen verheiratet werden. Oder bei denen die Partner:innen nicht akzeptiert werden, weil sie einer anderen Glaubensgemeinschaft oder Nationalität angehören. Oder an queere Personen, die von ihren Familien nicht selten körperlich, emotional oder anders missbraucht werden, weil sie nicht akzeptiert werden, wie sie sind. Für diese Personen ist die Familie oft kein Ort der Ruhe und des Vertrauens, sondern ein Ort geprägt von Gefühlen der Angst und Scham. Wenn wir aus der Masse herausstechen und von der Norm abweichen, vor allem als Kinder, werden wir nicht nur zu Hause, sondern auch an anderen Orten, zum Beispiel in der Schule, häufig Zielscheibe für missbräuchliche Attacken. Missbrauch kann also nicht nur im familiären Umfeld auftreten, sondern überall. Wenn wir zu Hause aber niemanden haben, der uns schützt, mit dem wir über das sprechen können, was uns eventuell widerfahren sein könnte; wir niemanden haben, der unsere Gedanken und Gefühle ernst nimmt oder dem wir vertrauen können, dann kann das eine äußerst schädliche Wirkung auf uns und unsere zwischenmenschlichen Beziehungen haben.

Wenn wir Missbrauch und Vernachlässigung, egal in welcher Form, erlebt haben, dann passen wir uns als Folge häufig an unsere Umgebung an, um nicht mehr aufzufallen und eine neue missbräuchliche Erfahrung zu vermeiden. Wir wollen es allen anderen recht machen, damit wir uns sicher fühlen. Wir entwickeln falsche Glaubenssätze, die uns, wenn wir diese nicht aufarbeiten, möglicherweise ein Leben lang begleiten. Bei Glaubenssätzen handelt es sich um Annahmen über die Welt, denen man eher unbewusst als bewusst glaubt. Es werden demnach falsche und schädliche Annahmen verinnerlicht, die wir als wahr empfinden.

Sie können unser Selbstwertgefühl, unsere sozialen Beziehungen oder den beruflichen Erfolg von Menschen betreffen. Falsche Glaubenssätze können uns in unserem Alltag nachhaltig negativ beeinflussen. Außerdem verdrängen wir starke, negative Emotionen und lernen nicht, wie wir mit diesen umgehen sollen. Es wird sich nicht um uns gekümmert, obwohl wir darauf angewiesen sind, dass es jemand tut. Missbrauch ist der Nährboden für Entwicklungs- und Bindungsstörungen, aber auch für die Entwicklung von psychiatrischen und psychischen Beeinträchtigungen und Erkrankungen. Viele Menschen rutschen ab in die Kriminalität, haben Schwierigkeiten damit, sich gesellschaftlich anzupassen, sich an Regeln und Gesetze zu halten, und leiden nicht nur unter den emotionalen Folgen, sondern auch unter den Folgen auf die Kognition, also auf ihre Wahrnehmung, ihr Denken und Erkennen. Das Resultat dieser ungelösten Konflikte können Depressionen, Ängste, Panikattacken, posttraumatische Belastungsstörungen oder Suchtproblematiken sein.

Wenn Kinder zum Beispiel regelmäßig bestraft wurden, wenn sie schlechte Noten bekamen oder nur dann Anerkennung erhielten, wenn sie gute Noten nach Hause gebracht haben, dann kann das diese auch noch als erwachsene Personen im Alltag beeinflussen. Sie entwickeln vielleicht falsche Glaubenssätze: Liebe durch Leistung, Anerkennung durch Arbeit. Burn-out als Folge? Hast du Ärger dafür bekommen, wenn du mit Puppen gespielt hast, weil sich das für einen Jungen nicht gehört? Oder wurde dir gesagt, wie ein Mädchen sich zu verhalten hat und wie nicht? Hast du als Folge diese Teile von dir versteckt und unterdrückt? Was sind deine Glaubenssätze in Bezug auf Maskulinität und Feminität? Hast du diese schon einmal hinterfragt? Was machst du, wenn du dich schlecht fühlst? Was ist eine Bewältigungsstrategie? Kannst du deinen Gefühlen und Gedanken, obwohl sie sich manchmal nicht gut anfühlen, freien Lauf lassen? Oder berauschst du dich, um sie nicht mehr (so intensiv) zu spüren?

Missbrauch jeglicher Art kann uns nachhaltig schädigen, traumatisieren und dabei im Weg stehen, unser wahrhaftes Selbst zu sein und ein glückliches, liebevolles und erfülltes Leben zu leben. Doch Missbrauchserfahrungen gehören für viele von uns zur Realität, auch wenn ihre Auswirkungen sich unterschiedlich zeigen können, da jede:r von uns anders mit diesen Themen umgeht. Ansprechpersonen, die uns nicht nur als Kinder und Jugendliche, sondern auch als Erwachsene weiterhelfen können, sind vor allem Psycholog:innen und Psychotherapeut:innen. Doch viele Menschen haben Angst davor, sich mit ihren negativen Erfahrungen und den daraus resultierenden Schwierigkeiten im Alltag zu beschäftigen. Therapie ist für viele noch ein Tabu und stigmatisiert. Dabei soll Therapie uns in erster Linie dabei helfen, uns über unsere Erfahrungen, Schwierigkeiten im Alltag und Bewältigungsstrategien bewusst zu werden und diese mit neutralen Personen zu reflektieren und zu verarbeiten, neue Strategien zu erlernen und neue Beziehungserfahrungen zu sammeln. Die Angst rührt vor allem daher, die mit dem Trauma verbundenen Gefühle nicht noch einmal spüren zu wollen. Dabei ist vielen von uns nicht bewusst, dass eine Retraumatisierung, also die Wiederholung beziehungsweise das erneute Erleben eines Traumas, dieses auflösen kann – natürlich im professionellen Setting wie zum Beispiel im Rahmen einer Therapie, und nicht im Alltag. Ein Trauma beziehungsweise eine traumatische Erfahrung oder Erinnerung kann man sich bildlich wie ein umgeschmissenes Bücherregal vorstellen, um das herum alle Bücher chaotisch auf dem Boden verteilt liegen. In einer Therapie oder anderen Form der Traumabewältigung und -verarbeitung macht man in gewisser Weise nichts anderes, als gemeinsam mit den Therapeut:innen oder zuständigen Personen jedes einzelne Buch vom Boden aufzuheben, kurz in dieses hineinzuschauen und reinzulesen. Dabei beobachtet man, was das mit einem macht, und sortiert es anschließend gemeinsam zurück in das wieder aufgestellte Regal.

Um zu heilen, müssen wir verstehen und Gefühle zu Ende fühlen, selbst wenn uns diese Vorstellung zunächst vielleicht Angst macht. Doch nur so können wir unsere Traumata und negativen Beziehungserfahrungen verarbeiten und loslassen und übertragen sie nicht auf unsere anderen Beziehungen. Etwas in uns auslösen werden traumatische Ereignisse wahrscheinlich immer. Wir lernen aber, besser mit ihnen und den aufkommenden Gefühlen umzugehen.

Vielen Eltern und Bezugspersonen ist nicht bewusst, was sie potenziell für einen Schaden anrichten können. Sie hinterlassen bei uns einen Schmerz, der einen enormen Einfluss auf unser Stressempfinden, Wohlbefinden und alle unsere zwischenmenschlichen Beziehungen haben kann und der manchmal sogar unüberwindbar und unverzeihlich erscheint. Wie können wir diesen Schmerz und Groll besser hinter uns lassen?

> Wir müssen die Fähigkeit zu vergeben entwickeln
> und erhalten. Derjenige, der die Macht der Vergebung
> nicht besitzt, besitzt auch nicht die Macht der Liebe.
>
> – Martin Luther King Jr.

Vergebung als eine mögliche Lösung. Doch was soll das eigentlich bedeuten? Vergebung kann uns schwerfallen, vor allem, wenn wir psychisch oder physisch missbraucht und verletzt wurden. Doch Vergebung bedeutet nicht, dass wir das, was geschehen ist, vergessen beziehungsweise es klein- oder schönreden. Vergebung bedeutet, dass wir die Wut, Scham und Schuld, die sich als Folge der Verletzung gegenüber uns selbst oder anderen entwickelt haben, loslassen können. Das fällt vielen von uns jedoch nicht leicht. Wenn wir nicht vergeben – egal ob anderen oder uns selbst –, können wir die Wut und den Schmerz in uns nicht loslassen. Alte, ungelöste und unterdrückte Konflikte können uns immer wieder einholen und unsere Beziehungen belasten. Vor allem als erwachsene Personen sollten wir deshalb lernen, alten Schmerz loszulassen, wenn wir gesunde Beziehungen führen möchten.

Mit unseren Eltern und Bezugspersonen machen wir unsere erste Erfahrung mit Liebe. Doch wenn diese ihre Macht missbrauchen, entwickeln wir ein falsches Verständnis von Liebe und Beziehungen. Wenn unsere Eltern oder Bezugspersonen emotional für uns nicht verfügbar waren, dann ist die Wahrscheinlichkeit hoch, dass wir uns als Erwachsene in Beziehungen mit emotional nicht verfügbaren Partner:innen wiederfinden, schließlich haben wir das zu Hause so gelernt. Wenn wir nicht loslassen, vergeben und uns dabei gegebenenfalls professionell unterstützen lassen, wiederholen wir immer wieder die Muster, die wir als Kinder erlernt haben. First love is daddy love oder mummy love.

Sigmund Freud feat. Lana Del Rey – Das „Daddy-Issues"-Issue

> I got sweet taste for men who are older.
> It's always been so, it's no surprise.
>
> – Lana Del Rey

Schon mal gehört? Diese Zeilen stammen von der Musikerin Lana Del Rey, die uns bereits 2012 davon erzählt hat, dass sie sich zu älteren Männern hingezogen fühlt. Dabei handelt es sich beim soeben zitierten Textausschnitt aus ihrem Song *Cola* um keinen musikalischen Einzelfall, denn Lana machte uns mehr als nur einmal klar, dass sie nicht nur ihren biologischen Erzeuger „Daddy" nennt:

> You call me your mama.
> Let me put on a show for you, daddy.
>
> – Lana Del Rey

Lana Del Rey, das können wir aus ihren Werken und dem daraus resultierenden gesellschaftlichen Echo ableiten, ist zweifelsohne eine Ikone des populären und alltagssprachlichen Gebrauchs der Begriffe „Daddy" und „Daddy-Issues". Ist das nicht faszinierend? Daddy-Issues und „Sugardaddys" sind heutzutage fast so beliebt wie südkoreanische Boybands oder der Tatort aus Münster. Sie sind salonfähig, und im Alltag wird mit diesen Begriffen wie wild herumgeschmissen, wofür nicht einzig Lana Del Rey verantwortlich gemacht werden kann. Probleme in deiner Partnerschaft? Behandelt dein Freund dich schlecht? Die Antwort liegt für viele klar auf der Hand: Das liegt doch an deinen Daddy-Issues! Auf der Suche nach einem Leben in Saus und Braus? Das geht nur mit einem älteren, wohlhabenden Mann an deiner Seite! Melde dich doch einfach bei www.sugardaddy.was-auch-immer.istvollok.de als Sugarbaby an und finde deinen Sugardaddy! Ja, Seiten, die solch einen Service anbieten, gibt es tatsächlich.

Sugardaddys, Daddy-Issues ... vielleicht habt ihr auch schon einmal den Begriff „Vaterkomplex" gehört. Nicht selten spricht man von den dreien, wenn wir über romantische Beziehungen und Partnerschaften sprechen. Sie werden romantisiert, sexualisiert und in gewisser Weise glorifiziert. Was sollte daran denn auch problematisch sein? Sich eines Begriffs bedienen, mit dem man sich aufgrund der eigenen, persönlichen Geschichte identifizieren kann, und diesen dann umdeuten, um sich aus der eigenen Opferrolle in eine aktive Rolle zu bringen. Das nennt man doch Empowerment, oder nicht? Doch was genau sind Daddy-Issues – übersetzt Vaterprobleme – eigentlich? Gibt es auch Mommy-Issues? Falls ja, wieso hören wir nie etwas von denen? Was genau steckt da eigentlich hinter? Und vor allem wer, wenn es sich nicht um Lana handelt? Die Antwort finden wir nicht etwa im Darknet oder irgendeiner ominösen Telegram-Gruppe, sondern in der sogenannten Psychoanalyse.

Bei der Psychoanalyse handelt es sich um eine psychotherapeutische Methode, die Ende des 19. Jahrhunderts entwickelt wurde. Man könnte so weit gehen und sagen, dass es sich bei der Psychoanalyse um die Urform der psychotherapeutischen Behandlung handelt. Die Psychoanalyse gehört zu den tiefenpsychologischen Verfahren, also denjenigen Behandlungsmethoden, die sich mit (ungelösten) Konflikten aus der Vergangenheit und ihrer Lösung beschäftigen. Es gibt neben tiefenpsychologischen unter anderem auch verhaltenspsychologische Verfahren, die sich im Vergleich zu tiefenpsychologischen Verfahren auf Beziehungen und die Lösung von Konflikten im Hier und Jetzt fokussieren.

Der Begründer der Psychoanalyse ist der Österreicher Sigmund Freud. Er ging in seinen Theorien davon aus, dass es sich bei seelischen Problemen um Symptome handelt, die sich aus alten, ungelösten Konflikten aus der Kindheit entwickeln. In der Psychoanalyse wird folglich in der Vergangenheit und (früh-)kindlichen Entwicklung nach Gründen und möglichen Erklärungen für seelische Probleme gesucht. Es wurde und wird davon ausgegangen, dass Heilungsprozesse angeregt werden, wenn wir das Unbewusste ins Bewusstsein rufen. Freuds Theorien waren, vor allem wegen des von ihnen beschriebenen Einflusses des

Unbewussten auf unser Bewusstsein und unser Leben, Ende des 19. Jahrhunderts revolutionär. Doch die Theorien stammen aus einer lange vergangenen Zeit, und viele Aspekte sind inzwischen längst überholt und widerlegt. Psychoanalytische Behandlungen haben sich inzwischen weiterentwickelt und angepasst, vor allem wegen der fehlenden Wissenschaftlichkeit von Freuds Theorien. Sie sind in einer Zeit und Gesellschaft entstanden, die nicht mehr vergleichbar ist mit unserer heutigen. Doch wenn wir Daddy-Issues beziehungsweise den Vaterkomplex besser verstehen möchten, müssen wir Freud und seine Theorien aufgreifen.

Laut Freud handelt es sich beim Vaterkomplex, oder Ödipuskomplex, wie er ihn auch nannte, um eine Entwicklungsstörung. Nach diesem psychoanalytischen Modell würden wir als Kinder unterschiedliche Entwicklungsphasen durchlaufen, darunter auch die ödipale Phase, die in psychologischen Kontexten häufig auch phallische Phase genannt wird. Das Wort Ödipus, welches in Ödipuskomplex und ödipale Phase steckt, geht dabei auf eine Gestalt aus der griechischen Mythologie zurück, die – long story short – den eigenen Vater umbringt, um die eigene Mutter zu heiraten. Wieso Freud diesen Vergleich wohl als angemessen empfand? Bei der ödipalen Phase der frühen Psychoanalyse handelt es sich Freud zufolge um die Zeit, in der Kinder damit anfangen würden, ihr eigenes Geschlecht und das der anderen zu entdecken. In dieser Phase würde damit begonnen, die eigene (sexuelle) Identität zu finden. Zeitlich spiele sich die ödipale Phase zwischen dem dritten und sechsten Lebensjahr ab und unterscheide sich laut Freud zwischen Jungen und Mädchen.

Bei Mädchen sei die ödipale Phase dadurch gekennzeichnet, dass sie realisierten, dass sie keinen Penis haben, und sich fragten, wieso das so ist. Sie seien neidisch auf das andere Geschlecht, im Speziellen auf den Vater, und eiferten ihrer Mutter nach, indem sie die „typische“ weibliche Geschlechtsrolle annehmen würden.

Jungen hingegen merkten, dass Mädchen keinen Penis haben, und es entwickele sich bei ihnen die Angst, dass ihnen ihr Geschlechtsteil genommen werden könne. Sie fingen damit an, ihren Vater als Konkurrenten anzusehen, und wollten die Gunst ihrer Mutter erlangen. Eine „gesunde“ Entwicklung und damit die Überwindung des Ödipuskomplexes würde bedeuten, dass sich der Junge aus dem Konkurrenzverhältnis löst und sich eine Frau wie die Mutter sucht, aber außerhalb der eigenen Familie.

So hat sich Freud das zumindest gedacht und in die Welt getragen. Die ödipale Phase soll etwa nach drei Jahren abgeschlossen sein. Störungen in dieser Phase können zu Beeinträchtigungen im sexuellen Verhalten führen. Wenn die Kinder die Phase erfolgreich überwinden würden, dann beendeten sie mit ihr auch den inneren Kampf, den sie mit ihren Eltern geführt haben. Die Beziehung zwischen Eltern und Kind werde folglich wieder liebe- und respektvoll, was laut Freud den Grundstein für ein gesundes Verhältnis zur eigenen Sexualität legen solle.

Freuds Ideen von psychosexueller Entwicklung wurden inzwischen revidiert und durch entwicklungspsychologische Forschung widerlegt. Doch bleiben wir noch einen Moment bei ihm: Freud und seine Definition von Psychoanalyse stammen aus einer Zeit, in der Sexualität nicht wie heute offen thematisiert wurde, sondern größtenteils tabuisiert war. Freud war einer der Ersten, die dieses Tabu gebrochen und Sexualität als wesentlichen Antrieb im Leben und in der Entwicklung erkannt haben. Viele seiner Theorien und Konzepte sind in unserer heutigen Zeit aber nicht mehr haltbar und überholt. Vor allem feministische und LGBTQIA+-Bewegungen stellen sich ganz klar gegen das, was der Ödipuskomplex aussagt. Freuds Theorien werden nämlich noch immer als Grundlage und Rechtfertigung für queer- oder frauenfeindliche Diskriminierung genutzt. Beispiele gefällig?

Wenn eine Frau eine persönliche Krise durchmacht, sich unangepasst benimmt und nicht das Verhalten zeigt, das von ihrer sozialen Rolle als Frau erwartet wird, dann wird laut Freuds Psychoanalyse davon ausgegangen, dass der Ursprung hierfür in der ödipalen Phase liege. Sie habe diese nicht richtig überwunden oder wurde in dieser so sehr gestört, dass sie als Konsequenz nun ihren Vater aufgrund einer Verletzung – beziehungsweise ausgelöst durch Penisneid – kränken oder beleidigen möchte. Bei Jungen würde sich laut Freud durch die fehlende Überwindung oder eine Störung der ödipalen Phase Homosexualität entwickeln. Wenn einem Jungen zu Hause eine dominante, väterliche Figur fehle, sei er nicht in der Lage, diese Phase ordentlich zu überwinden, da dafür eine solche dominante und maskuline Figur benötigt würde. Wenn wir nicht zum heteronormativen Mainstream gehören, will uns Freud also nichts anderes sagen, als dass wir eine Kränkung erlitten haben und geheilt werden müssen.

Wir leben inzwischen aber in sexuell aufgeklärteren Zeiten als damals, und auch unser Konzept und unsere Wahrnehmung von Geschlecht und Gender haben sich verändert. Freuds Theorien stellen nicht nur Homosexualität infrage, sondern auch andere Geschlechtsidentitäten, da er alles, was nicht zur (heterosexuellen) Norm gehört, zu Störungen degradiert, die durch Bewusstmachen des Unbewussten „geheilt" werden könnten. Auch wenn beispielsweise Konversionstherapien, die homosexuelle Personen „heilen" sollen, in Deutschland inzwischen verboten sind, werden sie an anderen Orten der Welt immer noch angeboten, durchgeführt und Menschen damit seelisch missbraucht. Freuds Verständnis von sexueller Entwicklung ist mit unserem heutigen

Verständnis von Sexualität nicht mehr vereinbar, was sich auch in der aktuellen Form der Psychoanalyse zeigt, die sich weiterentwickelt hat und inzwischen wissenschaftlich fundierte Methoden und Techniken nutzt. Denn es ist nicht unproblematisch, was Freud da unterstellt. Denken wir nur an die Mädchen, die irgendwann eifersüchtig auf ihren Vater werden sollen, weil sie keinen Penis haben. Als ob Frauen etwas fehlen würde, nämlich ein Penis. Das ist frauenfeindlich und auch Grundlage für andere geschlechtsbezogene Diskriminierung. Frauen fehlt nichts, wenn sie keinen Penis haben, und Jungen „werden" nicht schwul, nur weil sie keine maskuline Vaterfigur hatten.

Wir sollten also alle vorsichtig sein, wie und in welchem Zusammenhang wir mit Begriffen wie „Vaterkomplex" oder „Daddy-Issues" sprachlich herumjonglieren. Wir sollten damit anfangen, diese Begriffe kritisch zu hinterfragen, und uns bewusst machen, was wir damit nicht nur uns, sondern auch anderen unterstellen. Ist es vielleicht nicht doch so, dass nicht du die Probleme, also Daddy-Issues, hast, sondern dass du als Kind vernachlässigt wurdest, weil eben deine Bezugspersonen Probleme hatten? Wenn wir jemandem Daddy-Issues unterstellen, dann schwingt darin eine gewisse Schuldzuweisung in Bezug auf sein oder ihr Verhältnis zur jeweiligen Bezugsperson mit. Die (heterosexuelle) Frau wird dafür mitverantwortlich gemacht, dass sie die ödipale Phase nicht richtig überwunden habe, weshalb sie nun ein „Problem" mit Männern hätte. Und was ist mit den Jungen und ihren Mommy-Issues? Wieso gleicht es bei Jungen immer einer Meisterleistung, wenn sie Sex mit einer „MILF" haben? Wieso haben sie dann nicht auch ein „Problem"? Sagte ich nicht bereits Frauenfeindlichkeit?

Frauen, aber auch homosexuellen Männern ständig Daddy-Issues zu unterstellen, ist sexistisch und in gewisser Weise auch

Slutshaming. Bei Slutshaming handelt es sich um das Angreifen und Beschimpfen von Personen, weil sie nicht dem sozial erwünschten sexuellen Verhalten und Aussehen entsprechen. Also beispielsweise, wenn man einer sexuell aktiven, vor allem promisken Frau vorwirft, zu „vögeln wie ein Mann", oder man ihnen unterstellt, sich nicht angemessen zu kleiden. Das alltägliche Diagnostizieren von Daddy-Issues suggeriert zudem, dass wir bis an das Ende unserer Lebenszeit an unsere Erfahrungen gebunden und diesen ausgeliefert sind. So als könnten wir nichts an der Situation ändern. Wir stecken uns damit selbst in eine ohnmächtige Opferrolle und sprechen den Täter:innen im Hier und Jetzt noch immer eine enorme Macht zu. Das ist jedoch eine sehr passive Haltung, die wir da einnehmen. Wenn wir hingegen aktiv werden, uns öffnen, austauschen und helfen lassen, können wir unsere Konflikte und belastenden Themen reflektieren, aufarbeiten und müssen uns nicht selbst problematisieren und kategorisieren.

Die sexuellen Implikationen von Freuds Theorien haben lange Zeit dazu geführt, dass die Psychoanalyse in der Kritik stand. Doch die heutige Psychoanalyse hat mit Freuds Lehren nicht mehr viel zu tun, Methoden und Techniken wurden schließlich angepasst. Psychoanalyse hat sich langfristig und wissenschaftlich als gute und effektive Methode der Psychotherapie erwiesen. Unabhängig von Freuds Annahmen zum Vaterkomplex und daraus resultierenden Diskriminierungen – grundsätzlich ist es korrekt, dass unsere elterliche Beziehung uns prägt und Einfluss auf unsere Beziehungen als Erwachsene hat. Unsere frühkindliche elterliche Beziehung ist nicht ohne Grund die Basis der Bindungstheorie. Wenn wir von unseren Bezugspersonen, also auch von unseren Vätern, vernachlässigt oder missbraucht wurden oder ihr Umgang mit uns schädlich war, dann steigt die Wahrscheinlichkeit dafür, dass wir ähnliche Muster in unseren Partner:innen im Erwachsenenalter wiedererkennen. Wenn wir beispielsweise suchtkranke Elternteile hatten oder haben, dann ist es nicht unwahrscheinlich, dass wir uns in Partnerschaften mit Suchterkrankten wiederfinden. Unsere Partner:innen haben oft dieselben oder vergleichbare Probleme wie unsere Bezugspersonen, denn wir wiederholen in unseren erwachsenen Beziehungen das, was wir zu Hause vorgelebt bekommen haben. Doch das tun wir nur so lange, bis wir diese Themen angehen! Es ist also grundsätzlich nicht falsch, in der Vergangenheit nach Auslösern für Symptome psychischer Erkrankungen zu suchen, wenn auch nicht in der Form, wie Freud es vermutete. In unseren erwachsenen Partnerschaften kann alter Schmerz in Konflikten schnell getriggert werden. Wir übertragen Themen und Konflikte, die wir mit unseren Eltern hatten, auf unsere Partner:innen. Nur wenn wir uns unseres alten Schmerzes bewusst werden, können wir ihn überwinden und projizieren nichts Vergangenes in unsere Beziehungen im Hier und Jetzt.

Aber lasst uns doch gemeinsam die Daddy- (und auch Mommy-)Issues hinter uns lassen, nicht nur weil sie uns Passivität und ein Problem unterstellen, sondern auch weil das dahinterliegende Konzept teilweise frauen- und queerfeindlich ist. Wir sind nicht bis ans Ende unseres Lebens das Resultat unserer angeblichen ödipalen Phase, und unsere Eltern sind nicht lebenslang für unser Schicksal verantwortlich. Wir können unsere Beziehungsprobleme aktiv angehen. Wenn sogar die Psychoanalyse und Lana Del Rey – die übrigens inzwischen immer häufiger mit Gleichaltrigen gesichtet wird (no Age-Gap-Shaming) – es geschafft haben, die sogenannten Daddy-Issues hinter sich zu lassen, dann wird es jetzt auch für uns höchste Zeit!

Ü18 – Losing my religion

Wenn es doch nur so einfach wäre, die Dinge, die uns im Laufe unseres Lebens oder aktuell nicht guttun, hinter uns zu lassen. Wären es doch nur die Daddy- oder Mommy-Issues, von denen wir uns verabschieden müssten, um befreit und in unserem Sinne leben zu können. Die Realität sieht in den meisten Fällen anders aus, denn die in unseren Familien erlernten toxischen und dysfunktionalen Muster und Strukturen gehen noch viel tiefer, als es uns im alltäglichen Leben bewusst ist. Ein schlechtes Verhältnis zu unseren Eltern oder Bezugspersonen hat nicht nur einen massiven Einfluss auf unsere Partner:innen-Wahl, sondern auch auf vielfältige andere Aspekte unseres Lebens.

Wie ist es denn so bei dir? Wie gehst du mit aufkommenden Konflikten und schwierigen Situationen um – in der Beziehung, mit deinen Freund:innen oder in deinem Job? Was macht es mit dir, wenn du negative Gefühle aufkommen spürst? Wie gehst du mit ihnen um? Läufst du weg, wenn es schwierig wird, oder begegnest du den Gefühlen mit Ruhe? Wie ging man denn bei dir zu Hause mit Stress und Problemen um? Das ist eine wichtige Frage, denn unsere familiären Beziehungen prägen unsere Wahrnehmung, unser Denken, unsere Gefühle und unser Verhalten. Eine ganze Menge, oder? Damit haben sie Einfluss auf all unsere Lebensbereiche. Sich von ungesunden familiären Mustern und Prägungen zu befreien, ist keine einfache Aufgabe und nicht von heute auf morgen zu bewältigen. Auch wenn einige Hürden unüberwindbar scheinen, so ist es doch möglich, sich von den Dingen zu befreien, die uns nicht (mehr) dienen. Das benötigt jedoch viel Zeit, Reflexion und vor allem Abgrenzung!

Abgrenzung bedeutet im psychologischen Sinne, dass wir selbst darüber entscheiden, was wir wann und wie möchten.

Wenn wir unsere Grenzen festlegen, können wir unser Selbst kreieren und schützen. Dabei unterscheiden sich die Grenzen von Mensch zu Mensch und können individuell gesetzt und bestimmt werden. Abgrenzung bedeutet aber nicht nur, die eigenen Grenzen zu erkennen und zu bestimmen, sondern auch, diese bei Bedarf zu verteidigen. Dabei ist das Bestimmen und Verteidigen von Grenzen in jedem Bereich des Lebens wichtig, insbesondere aber in Bezug auf unsere Eltern und Bezugspersonen. Wenn wir uns in unseren Entscheidungen, unseren Beziehungen und generell in unserem Leben selbst als erwachsene Personen immer noch von unseren Eltern oder Bezugspersonen Dinge diktieren lassen, können wir unser echtes Selbst nicht wirklich finden und ausleben. Um unsere eigene Wahrheit zu leben und um unseren eigenen Bedürfnissen und Wünschen nachzugehen, müssen wir lernen, unsere Grenzen zu erkennen, zu kommunizieren und zu schützen. Tun wir das nicht, so führen unsere Traumata uns immer wieder in Beziehungen, zu Menschen oder in Situationen, die unserem Wohlbefinden schaden können. Wir wiederholen unbewusst toxische und dysfunktionale Muster, wenn wir diese nicht aktiv und bewusst reparieren.

Das tut manchmal ganz schön weh! Alte Wunden wieder aufzureißen, fühlt sich nicht gut an, vor allem wenn wir in diesen Wunden traumatische Erinnerungen verborgen halten. Doch wir müssen fühlen, um unsere emotionalen Verletzungen zu heilen. Traumatische Erfahrungen sind für unsere Seelen so schwer zu ertragen, dass wir bestimmte Themen und Gefühle verdrängen, um uns zu schützen. Doch wir können unsere Traumata nur dann hinter uns lassen, wenn wir die mit ihnen verbundenen Emotionen zu Ende fühlen, was wir von Anfang an gerne vermieden hätten. Wenn wir das nicht tun, führt das letztendlich dazu, dass wir die gelernten schädlichen Muster und unser individuelles Trauma von Generation zu Generation weitergeben. Es findet dann eine sogenannte transgenerationale Weitergabe dieser traumatischen Erfahrungen und toxischen Strukturen statt. Die Erfahrungen, die wir als Angehörige einer Generation erlebt haben, geben wir an die Mitglieder der nachfolgenden Generation weiter, selbst wenn das meistens unbewusst und unbeabsichtigt geschieht. Es liegt also an uns, diese transgenerationale Weitergabe von negativen Gefühlen und Strukturen zu brechen und zu erwachen, also woke zu sein. Wir müssen ein Bewusstsein für die Ungerechtigkeiten, die uns im Laufe unseres Lebens widerfahren sind, entwickeln und aktiv an den mit ihnen verbundenen Traumata arbeiten. Nur so können wir die Grundlage für ein selbstbestimmtes und freies Leben schaffen.

> Eure Kinder sind nicht eure Kinder.
> Sie sind die Söhne und die Töchter der Sehnsucht
> des Lebens nach sich selber.
> Sie kommen durch euch, aber nicht von euch,
> Und obwohl sie mit euch sind, gehören sie euch
> doch nicht.
>
> – Khalil Gibran

Obwohl es uns oft anders vorkommt und uns lebenslange Treue und Loyalität gegenüber unseren Eltern und Bezugspersonen beigebracht wird, so ist es ein Fakt, dass wir bei unserer Geburt keinen Vertrag mit unseren Eltern unterschrieben haben. Wenn unsere Familien unser Wohlbefinden und Glück an erste Stelle setzen und wir zu ihnen Verbundenheit und Loyalität spüren, weil wir uns bei ihnen sicher und geborgen fühlen, dann ist daran zweifellos nichts ungewöhnlich, genauso sollte es ja eigentlich sein. Mein Ziel ist nicht, den Stellenwert der Familie zu minimieren und nur auf die eigenen Bedürfnisse zu hören und die der anderen zu missachten. Wenn wir ein gesundes Verhältnis zu unseren Familien – wie auch immer sie aussehen – haben, dann kann ein gutes Verhältnis zu ihnen uns stärken und voranbringen.

Aber wie sieht es denn mit der Treue, Loyalität und bedingungslosen Liebe unserer Familie gegenüber aus, wenn sie uns selbst nicht mit diesen Werten begegnet? Wie soll man einer Familie gegenüber loyal sein, die einem nicht guttut und ständig das eigene Glück sabotiert? Wie sollen wir zu unseren Familien stehen, wenn sie uns nicht so akzeptieren, wie wir sind, weil wir möglicherweise gegen Traditionen, Glaubenssätze oder religiöse Ansichten verstoßen? Was, wenn du als Frau ständig unterdrückt wirst, weil das schon immer so war und auch bitte so bleiben soll? Wenn dir ständig Ansichten indoktriniert werden, mit denen du dich nicht identifizieren kannst oder die in Konflikt zu deinem eigentlichen Selbst stehen? Was, wenn deine Familie dir aufgrund deiner sexuellen Orientierung mit negativen Konsequenzen droht und dich emotional missbraucht, weil sich dieses oder jenes „nicht gehört“? Sollen wir unseren Familien dann wirklich noch bedingungslos loyal begegnen und einfach gehorchen? Was macht das mit uns, wenn wir jahrelang seelisch, emotional, körperlich oder anderweitig unangemessen behandelt wurden oder sogar immer noch werden und man unsere Bedürfnisse und Gefühle ständig ignoriert und missachtet? Trotzdem einfach so weitermachen wie bisher? Blut ist schließlich dicker als Wasser, oder nicht? Was macht das eigentlich mit unserem sozialen Leben, wenn wir die Dinge, die wir zu Hause beigebracht bekommen haben, nie hinterfragen und wir alles Negative und Traumatisierende weitergeben?

Eine gut funktionierende Familie, in der wir uns gesehen, gehört und verstanden fühlen, kann für uns ein sicherer Ort sein und uns Stabilität im Leben geben. Im besten Fall haben wir gelernt, offen über unsere Gefühle, egal ob positiv oder negativ, zu sprechen, ohne Angst davor, dass diese Form der Selbstoffenbarung negative Konsequenzen oder Bestrafungen nach sich zieht. Ist das deine Realität? War beziehungsweise ist deine Familie dein sicherer Ort und deine stabile Konstante im Leben? Was, wenn deine Familie dir gegenüber toxisch war und es vielleicht noch immer ist?

Toxische Familienverhältnisse sind schädlich für uns. In ihnen sind Situationen und Kommunikation eigentlich nie einfach. Dabei spielen die Gründe für dieses ungesunde Verhältnis eine eher untergeordnete Rolle. Egal ob es sich um psychische Erkrankung, Scheidung, religiöse Ansichten oder längst überholte Traditionen handelt. Wenn wir unterdrückt, falsch behandelt, im schlimmsten Fall missbraucht wurden und nicht unser Wohl, sondern das unserer Bezugspersonen im Mittelpunkt stand, dann haben wir gelernt, mehr auf die anderen Menschen in unserer Umgebung zu achten und weniger auf uns selbst.

In diesen Umgebungen lernen wir schon als kleine Kinder, zuerst darauf zu achten, unsere Eltern oder Bezugspersonen nicht zu verärgern und dafür zu sorgen, dass es ihnen gut geht, um negative Konsequenzen und Bestrafungen, zum Beispiel in Form von Gewalt, zu vermeiden – walking on eggshells. Diese negativen Konsequenzen sind dabei nicht immer aktive Aggressoren, wie zum Beispiel körperliche Gewalt, gewaltvolle Kommunikation oder ähnliche Bestrafungen. In toxischen Familienumgebungen kommt es auch immer wieder zu passiver Aggression. Bei passiv-aggressivem Verhalten handelt es sich um eine versteckte Form der Bestrafung oder Rache, wie zum Beispiel Liebesentzug oder dass nicht mehr mit uns gesprochen wird, wenn wir nicht gehorchen. Diese Passivität ist dabei nicht weniger schädlich als aktive Aggression. Sie ist genauso zerstörerisch, wenn nicht sogar noch zerstörerischer, da sie sich langsam und unbemerkt in unsere Beziehungen einschleichen kann. In besagten ungesunden Beziehungen und Umfeldern unterwerfen wir uns oft unter die:den andere:n, um nicht noch mehr Stress zu verursachen und den Frieden sicherzustellen. Ist die Kommunikation zu unseren Bezugspersonen nicht klar und direkt, so lernen wir, dass wir immer zwischen den Zeilen lesen müssen, um die dahinterliegenden Botschaften zu verstehen. Die Folgen dieser unklaren und ungesunden Kommunikation sind verheerend. Es steigt die Wahrscheinlichkeit dafür, dass wir als erwachsene Personen paranoid werden und in Gesprächen und Interaktionen mit anderen Menschen immer nach versteckten Botschaften suchen und kein wirkliches Vertrauen zu anderen aufbauen können. Meinen die anderen das, was sie sagen, wirklich so oder müssen wir jetzt irgendetwas tun, um den Frieden sicherzustellen? Wir werden hypersensibel, das bedeutet, wir sind ständig auf unsere Umgebung fokussiert und stellen das Wohl und Empfinden anderer über unser eigenes. Bevor wir uns um uns und unsere Bedürfnisse kümmern, müssen wir erst einmal sichergehen, dass es allen anderen in unserer Umgebung gut geht. Nicht unser Wohl, sondern das der anderen steht dann im Mittelpunkt. Man spricht von sogenanntem People Pleasing. Wenn uns im Laufe unseres Lebens selten oder nie Verständnis entgegengebracht wird und unsere Gefühle und Bedürfnisse ständig abgewertet werden, dann fühlen wir uns als erwachsene Personen möglicherweise in Beziehungen sicher und geborgen, die uns genau das spiegeln. Wir haben weder wirkliches Vertrauen in uns selbst noch in andere Menschen und ignorieren unsere Bedürfnisse, unsere Gefühle und damit unsere Wahrheit zum Wohl der anderen. Wir finden uns in Beziehungen wieder, in denen unsere Gefühle und Bedürfnisse abgewertet werden. Wir kennen es ja nicht anders.

Den Kampf, den wir im Laufe unseres Lebens mit unseren Eltern geführt haben und eventuell auch immer noch führen, führen wir folglich in unseren Beziehungen weiter. Es sei denn, wir schaffen es, uns von den eventuell toxischen Beziehungsmustern abzugrenzen. Wir tragen Konflikte und Kämpfe mit unseren Partner:innen oder Freund:innen aus, die wir eigentlich mit unseren Eltern oder Bezugspersonen führen sollten. Weil wir uns nie sicher gebunden und bedingungslos geliebt gefühlt haben, unterstellen wir anderen Menschen aus Selbstschutz und aus (falscher) Vorsicht Dinge, die in Wahrheit keine Gefahr oder Bedrohung für uns sind. Die Gründe dafür liegen in einer aus toxischen Beziehungserfahrungen entstandenen, tiefen Unsicherheit. Wir haben es eben nicht anders gelernt. Uns wurde und wird möglicherweise ein Gefühl von Scham und Schuld mitgegeben, vor allem wenn wir nicht gehorchen und uns widersetzen. Vielleicht haben wir manchmal sogar das Gefühl, dass wir nichts Besseres verdient haben. Wir finden uns noch als Erwachsene wiederholt in ungesunden Beziehungen wieder, in denen wir uns weder wertgeschätzt noch gesehen oder gehört fühlen. Wenn unsere eigenen Grenzen nie respektiert wurden und wir immer noch keine Grenzen zu unseren Eltern und Bezugspersonen aufgebaut haben, dann kann es für uns sehr schwierig sein, uns von diesen (neuen) toxischen Beziehungen zu lösen oder abzugrenzen.

Doch wie kommen wir aus dieser Spirale der Toxizität heraus? Bewusstsein über unsere familiäre Geschichte und welchen Einfluss diese auf uns (gehabt) hat, ist der erste Schritt zur Besserung. Bewusstsein darüber, dass wir weder als Kinder noch als erwachsene Personen verantwortlich für das Wohlbefinden unserer Eltern sind und diese auch nicht vor sich selbst retten können. Schließlich ist jeder Mensch für sich selbst verantwortlich. Wir sind nicht das Eigentum unserer Eltern, und wenn sie ständig unsere Grenzen überschreiten, uns ohne Respekt begegnen oder sie insgesamt einen negativen Einfluss auf unsere mentale Gesundheit haben und sich das trotz unserer Einwände und Rückmeldungen an sie nicht ändert, dann müssen wir Konsequenzen ziehen, um unser Wohlbefinden zu schützen. Auch unsere Eltern müssen unsere Bedürfnisse und Gefühle respektieren. Sowohl wir selbst als auch unsere Bezugspersonen sollten lernen, es wertzuschätzen, wenn wir überhaupt eine Beziehung mit ihnen führen (wollen) und wir als erwachsene Personen immer wieder zu ihnen zurückkehren. Das ist und sollte schließlich unsere freie Entscheidung bleiben.

Doch bis wir an den Punkt gelangen, an dem wir uns über unsere eigenen Konflikte, Traumata und Prägungen bewusst werden, wir für uns selbst einstehen und uns selbst schützen, vergeht häufig viel Zeit, und wir verschwenden viel Energie, um Fassaden aufrechtzuerhalten, die schon lange bröckeln. Persönliche Krisen können Selbstreflexion anregen und die Aufarbeitung unserer eigenen Geschichte ins Rollen bringen und der mit ihr verbundenen Traumata und negativen Emotionen.

Doch unsere familiäre Prägung und Sozialisation hat nicht nur einen Einfluss auf unsere Partner:innenwahl, sondern wirklich auf jeden Bereich unseres Lebens, vor allem auf unser Denken. Das, was wir im Laufe unseres Lebens erleben, verinnerlichen wir. Es wird zu unserer Realität, und wir projizieren es oft auf andere. Wir entwickeln eine, vielleicht aber auch mehrere innere Stimmen, die ständig zu uns sprechen. Was sagt deine innere Stimme dir jetzt gerade? Was geht in deinem Kopf so vor? Gute Gedanken oder schlechte Gedanken? Denkst du darüber nach, was du denkst? Was sind deine eigenen Gedanken? Welche hast du einfach so übernommen, ohne darüber nachzudenken? Um diese Fragen zu beantworten, müssen wir in unser Inneres schauen!

TEIL 2

ICH DENKE, ALSO BIN ICH – ABER WAS DENKE ICH (EIGENTLICH)?

Selbstsabotage – Der Feind in dir

Dir und mir sollte inzwischen klar geworden sein, wie enorm der Einfluss auf uns ist, der von unserer Beziehung zu unseren Bezugspersonen ausgeht. Egal ob als Säuglinge, Kinder, Jugendliche oder Erwachsene: Die Art und Weise, wie wir im Laufe unseres Lebens behandelt werden, beeinflusst, wie wir denken, fühlen und handeln. Sie beeinflusst, wie wir lieben und wie wir geliebt werden möchten.

Das System Familie ist im Rahmen unserer Entwicklung ein wichtiger Teil unserer psychosozialen Umwelt. Gemeint sind damit alle Umweltfaktoren, die die Psyche und das Sozialverhalten betreffen. Zu dieser Umwelt zählen noch viele weitere Faktoren, wie zum Beispiel unsere (schulische) Bildung, Stress oder andere soziale Beziehungen. Unsere psychosoziale Umwelt hat zusammen mit unseren Genen einen starken Einfluss auf unsere psychische und körperliche Entwicklung, unsere Gesundheit, unser Wohlbefinden und unsere Beziehungen. Unsere Familien sind dabei vor allem in unserer Kindheit und Jugend ein einflussreicher Umweltfaktor. Doch spätestens im Erwachsenenalter ist das System Familie vielleicht nicht mehr ganz so präsent. Irgendwann kommt es zu dem Punkt, an dem wir uns, auch wenn es zunächst vielleicht nur räumlich ist, von unseren Familien trennen. Wir ziehen in unsere erste eigene Wohnung, mit unseren Partner:innen zusammen oder verlassen unsere Heimat, um an einem anderen Ort zu studieren oder zu arbeiten. Herzlich willkommen in der großen, weiten Welt! Wie fühlt sich das an? Alle Türen stehen dir offen. Endlich frei! Oder nicht?

Häufig vermuten wir, dass wir unsere Vergangenheit und alles, was uns geschadet haben könnte, hinter uns lassen, wenn die Menschen oder Situationen nicht mehr ständig in unserem Alltag präsent sind, die uns negativ beeinflusst haben. Doch ist das wirklich so? Viele Menschen setzen persönliche Freiheit damit gleich, auf eigenen Beinen zu stehen, in einer eigenen Wohnung zu leben oder einen Job zu beginnen und damit finanziell unabhängig zu sein. Sich räumlich und emotional von toxischen Situationen und Menschen entfernen – das ist für viele von uns der erste Schritt in ein freies und selbstbestimmtes Leben. Doch Freiheit schöpft sich nicht aus körperlicher Unabhängigkeit und Distanz, sondern muss vor allem in unserem Kopf stattfinden. Sind wir frei, wenn wir ungesunde Haltungen nicht mehr in Form von anderen Menschen oder Situationen in unserem Alltag präsent haben, sie uns aber trotzdem tagtäglich in Form von negativen Gedanken begleiten? Was, wenn wir unsere Gedanken und auch unser Verhalten nie hinterfragen und reflektieren und all das Toxische, was uns im Laufe unseres Lebens widerfahren ist, auf andere Menschen projizieren und gegen uns selbst einsetzen? Sind wir dann wirklich frei?

Es ist wichtig, sich im Außen von Dingen zu distanzieren, die nicht gut für uns sind. Doch genauso wichtig ist es, dass wir unsere eigenen Gedanken, Glaubenssätze und unser Verhalten beobachten und reflektieren. Nicht immer entwickeln wir nur positive Glaubenssätze. Oft haben wir aufgrund unserer individuellen Prägungen Glaubenssätze entwickelt, die mit negativen Gefühlen wie Angst oder Wut einhergehen. Wenn wir unser Leben lang mit bestimmten Themen und Mustern konfrontiert wurden und diese Teil unseres täglichen Erlebens waren, dann übernehmen wir diese Muster und verinnerlichen sie. Wir verinnerlichen (meist unbewusst) das, was wir beobachtet und beigebracht bekommen haben. Wenn wir missbräuchlich behandelt wurden oder in einem dysfunktionalen Umfeld aufgewachsen sind, dann steigt die Wahrscheinlichkeit, dass wir als erwachsene Personen ebenfalls anderen, aber vor allem uns selbst gegenüber missbräuchlich sind.

Wenn unsere Eltern oder Bezugspersonen im Laufe ihres Lebens Entscheidungen getroffen haben, die entweder auf Kosten ihres eigenen oder unseres Wohls gingen, dann hatte und hat das auch einen Einfluss auf unser weiteres Leben. Das, was wir beigebracht und vorgelebt bekommen haben, wird Teil unserer eigenen Identität. In der Psychologie wird das als „Modelllernen" bezeichnet. Das meint, dass wir uns über Beobachtung des Verhaltens von anderen Menschen und den daraus folgenden Konsequenzen neue Verhaltensweisen aneignen oder unser bestehendes Verhalten in Richtung des beobachteten Verhaltens anpassen. Klingt zu abstrakt? Dann lass es mich an einem Beispiel veranschaulichen: Wenn wir zu Hause bei unseren Eltern oder Bezugspersonen beobachtet haben, dass sie ihre negativen Gefühle und Stimmungen durch den Konsum von Rauschmitteln betäuben, dann steigt die Wahrscheinlichkeit dafür, dass wir als Erwachsene ebenfalls auf ein solches Verhalten zurückgreifen.

Wenn wir im Laufe unseres Lebens keine psychisch gesunden Vorbilder hatten und in schwierigen oder ungesunden

Verhältnissen aufgewachsen sind oder gute Dinge und mögliche Erfolge und Fortschritte immer sabotiert wurden, dann ist es sehr wahrscheinlich, dass wir uns als erwachsene Personen auch selbst sabotieren, wenn wir uns nicht kritisch mit unseren Gedanken, Gefühlen und Verhalten auseinandersetzen. Dabei wollten wir doch nie so werden wie unser Vater oder unsere Mutter. Wir wollten doch alles anders machen und wussten die ganze Zeit, was nicht richtig läuft und wie man es besser hätte machen können. Doch siehe da, schneller, als es uns lieb ist, sind wir auf dem besten Weg dahin, genau dieselben Fehler zu machen, die wir vorgelebt bekommen haben: dieselben Muster, dasselbe Verhalten, dieselbe Unzufriedenheit.

Wenn wir unsere Ziele und Wünsche durch unser eigenes Verhalten aktiv behindern oder uns selbst beim Gelingen unserer Wünsche und Ziele im Weg stehen, dann sprechen wir in der Psychologie von sogenannter „Selbstsabotage". Selbstsabotage ist selbstzerstörerisches Verhalten, denn wir bringen uns selbst zum Scheitern und sabotieren das, was wir uns eigentlich wünschen und was wir uns eigentlich verdient hätten. Die Gründe für solches Verhalten sind dabei häufig Minderwertigkeitsgefühle, negative Glaubenssätze und erlernte Verhaltensmuster, die in Versagensängsten resultieren können. Wir kritisieren uns ständig selbst, geben unsere Aufgaben und Ziele auf, lassen uns von Ängsten leiten, vergleichen uns mit anderen und fühlen uns vielleicht sogar wertlos. Wir projizieren negative und traumatische Erfahrungen und Enttäuschungen, mit unserer Familie im Speziellen und unserer Umwelt im Allgemeinen, auf uns selbst. Wir haben kein Vertrauen in uns entwickeln können und wissen nicht, was wir wert sind, und behandeln uns nicht gut. Wir legen uns Steine in den Weg, die uns daran hindern, ein glückliches, gesundes und erfülltes Leben zu führen. Wir könnten denken, dass wir es nicht anders verdient hätten. Wenn wir keine Familie oder ein anderes System hinter uns stehen haben, das uns unterstützt und auf welches wir uns in Krisen verlassen können, dann fehlt uns der Antrieb, unsere Wünsche und Ziele zu verwirklichen. Wenn wir nie wertgeschätzt wurden und uns nie die Empathie und das Verständnis entgegengebracht wurden, die wir eigentlich verdient hätten, sind wir nicht in der Lage dazu, uns selbst auf empathische und verständnisvolle Art und Weise zu begegnen. Wir begehen Sabotage an uns selbst.

Selbstsabotage kann in jedem Bereich des Lebens stattfinden, wird aber vor allem in unseren zwischenmenschlichen Beziehungen getriggert. Zum Beispiel wenn es um das Thema Vergebung geht. Die Wichtigkeit von Vergebung für unsere emotionalen Heilungsprozesse haben wir bereits besprochen: Vergebung kann uns dabei helfen, vergangene, emotional noch nicht abgeschlossene Verletzungen hinter uns zu lassen, um inneren Frieden zu finden. Dazu ist es wichtig, nicht nur anderen, sondern auch uns selbst zu vergeben. Vergebung kann uns im Hier und Jetzt aber auch schädigen, zum Beispiel wenn wir immer wieder Menschen verzeihen, die unsere Grenzen überschreiten und uns nicht respektvoll behandeln. Wenn wir diesen Personen immer wieder vergeben und sie zurück in unser Leben lassen, dann kann das ebenfalls eine Form der Selbstsabotage sein. Bewusst oder unbewusst sind wir so selbst unser größter Feind.

Selbstzerstörerisches Verhalten kann uns in unserem Alltag also unbewusst das Leben schwer machen. Doch häufig ist uns bewusst, dass das, was wir da gerade tun, oder das, was wir denken, uns nicht guttut. Wenn wir es trotz dieses Bewusstseins aber nicht schaffen, uns davon zu lösen, und uns immer wieder in besagte Situationen begeben, dann wird das in der Sozialpsychologie als

„kognitive Dissonanz" bezeichnet. Darunter versteht man einen als ungut oder unangenehm empfundenen Gefühlszustand, der entsteht, wenn in uns widersprüchliche Denkinhalte (Kognitionen) aufeinandertreffen. Mit diesen Inhalten können Ziele, Wünsche, Wahrnehmungen, Gedanken oder Einstellungen gemeint sein, die sich unvereinbar entgegenstehen.

Ein sehr beliebtes Beispiel für kognitive Dissonanz ist das Rauchen. Viele Menschen rauchen Tabak, obwohl sie wissen, dass Tabakkonsum ihrem Körper langfristig schadet – es besteht also eine hohe kognitive Dissonanz. Wir tun etwas, obwohl wir wissen, dass es nicht gut für uns ist. Dasselbe können wir auch auf unsere zwischenmenschlichen Beziehungen übertragen. Wenn wir uns immer wieder in Beziehungen wiederfinden, in denen wir uns schlecht behandeln lassen, obwohl wir wissen, dass das eigentlich nicht in Ordnung ist und wir uns etwas anderes wünschen, dann sammeln sich in uns Gefühle von Unzufriedenheit, und es besteht eine kognitive Dissonanz. Um zufriedener zu sein, müssen wir lernen, Unstimmigkeiten in unserem Leben abzubauen und auszugleichen. Denn jedes Mal, wenn wir in Situationen zurückkehren, die einen toxischen Einfluss auf uns haben, überschreiten wir unsere eigenen Grenzen oder haben vielleicht nicht einmal welche gesetzt. Wir begegnen uns selbst also nicht respektvoll gegenüber. Die Verantwortung für dieses Verhalten können wir dann nicht mehr so einfach auf unsere toxischen Familienstrukturen oder Ähnliches schieben, denn im Hier und Jetzt sind wir selbst für unser Verhalten verantwortlich und müssen diese Verantwortung aktiv übernehmen.

Wir können unser selbstsabotierendes Verhalten minimieren, wenn wir versuchen, kognitive Dissonanzen abzubauen. Doch nicht immer ist uns klar, dass das, was wir gerade denken oder tun, uns schaden kann. Viele Prozesse laufen unbewusst ab, und wir haben uns im Laufe unseres Lebens möglicherweise Strategien abgeguckt oder angeeignet, die uns zu irgendeinem Zeitpunkt in gewisser Weise gedient haben. Sie werden Teil unseres Mindsets, und wir wenden diese Strategien an, um uns die Dinge, die uns widerfahren, zu erklären, einzuordnen und zu bewältigen.

Eine Bewältigungsstrategie, die häufig auf Selbstsabotage hinausläuft, beinhaltet Obsession und zwanghaftes Grübeln. Um uns selbst zu schützen, werden wir obsessiv und intellektualisieren unsere Begegnungen oder Entscheidungen. Zum Beispiel wenn wir jemanden daten und keine eindeutigen Signale erhalten. Anstatt die Enttäuschung und alle dazugehörenden Gefühle zuzulassen, zu spüren und den fehlenden Kontakt als mangelndes Interesse einzuordnen, fangen wir an, Chats zu analysieren, Statusmeldungen zu entziffern und Storys zu begutachten. Bloß nicht das fühlen, was in uns schlummert. Es könnte ja sein, dass sein Status von gestern ein Zeichen an dich war. Oder denkst du nicht? Wenn wir unsere Gefühle intellektualisieren und anfangen, zwanghaft Dinge zu überdenken, dann schützt uns das kurzfristig zwar davor, unsere (möglicherweise negativen) Gefühle zu spüren. Jedoch geht dieses Verhalten mittel- und langfristig auf Kosten unserer Lebensqualität, denn wir leben nicht mehr im Moment, sondern sind in unseren Gedanken gefangen. Letztendlich sabotieren wir damit unser Glück in der Gegenwart.

Eine weitere ungesunde Bewältigungsstrategie ist die Vermeidung. Wir gehen Menschen und Situationen aus dem Weg, die potenziell etwas Negatives in uns auslösen können. Wir vermeiden die Bar oder den Club, in denen wir Menschen begegnen könnten, die etwas in uns triggern. Wir blockieren die Personen, mit denen wir eine Auseinandersetzung hatten, um bloß nicht wieder mit diesem Thema konfrontiert werden zu müssen. Was vielleicht kurz Linderung verschafft, führt langfristig aber dazu, dass wir nur noch ängstlicher und trauriger werden. Häufig haben wir Angst davor, etwas zu riskieren oder uns mit etwas zu konfrontieren, weil wir Angst vor dem Unbekannten oder davor haben, abgelehnt zu werden. Wenn wir uns aus Selbstschutz mit Themen nicht auseinandersetzen, weil wir Angst vor ihnen haben, dann sabotieren wir uns selbst, weil wir nicht vorankommen können, uns nicht weiterentwickeln und es irgendwann zum persönlichen Stillstand kommt.

Wir sabotieren uns auch dann selbst, wenn wir keine eigene Verantwortung in unserem Leben übernehmen. Wenn wir die Verantwortung für Entscheidungen und Geschehenes immer auf die anderen abschieben, dann machen wir das meistens aus dem Grund, dass es sich für uns so sicherer anfühlt. Außerdem können wir die Konsequenzen dann auch einfach auf andere schieben. Die Realität ist aber, dass wir sehr wohl verantwortlich für unser eigenes Leben sind. Wir müssen lernen, aktiv Verantwortung für unser Leben zu übernehmen, weil wir uns ansonsten in unserem persönlichen Wachstum einschränken und minimieren.

Als wäre das nicht genug, schaden wir uns im Alltag selbst mit starker Selbstkritik und Scham. Wie behandelst du dich, wenn du Fehler machst? Bist du nachsichtig mit dir? Oder würdest du dich am liebsten in einem dunklen Loch verkriechen? Machst du dich selbst fertig für deine Fehler und fragst dich durchgängig, wie es überhaupt dazu kommen konnte? Was wir nicht vergessen sollten: Wir sind Menschen und Menschen machen Fehler. Wir lernen aus dem, was uns zunächst vielleicht nicht gelingt. „Trust the process" ist nicht umsonst der liebste und wohl meistverwendete Satz in so vielen agilen Workshops oder achtsamkeitsbetonten Weiterbildungen. Unsere Fehler und Rückschläge gehören genauso zum Leben dazu wie unsere Erfolge. Ohne Tiefs keine Hochs! Je länger wir uns selbst kritisieren und Dinge bereuen, desto schlimmer wird die Angst, die sich daraus entwickelt.

Entscheidungsschwierigkeiten und Ohnmacht können ebenfalls eine toxische Bewältigungsstrategie sein. Wenn wir vor einer Entscheidung stehen, von der wir nicht wissen, ob sie die richtige oder falsche ist, dann hilft es uns für einen kurzen Augenblick, wenn wir sie nicht treffen und uns stattdessen in einem Gefühl der Ohnmacht verlieren. Es kann uns Angst machen, uns für Dinge zu entscheiden, die außerhalb unserer Wohlfühlzone liegen. Grund dafür ist die Unsicherheit darüber, was uns erwarten könnte. Die Angst vor dem, was passieren könnte, wenn wir uns jetzt entscheiden, kann belastend sein. Doch wir können alle durchatmen, denn es gibt nicht die eine richtige Entscheidung. Vielmehr ist es die Summe der Entscheidungen, die wir im Laufe unseres Lebens treffen, die unser Wohlbefinden und Glück beeinflussen. Egal ob gut oder schlecht – unsere Entscheidungen formen uns, und wir können von ihnen lernen. Wir kommen nicht voran im Leben, wenn wir uns nie entscheiden.

Eine weitere Form der Selbstsabotage ist Unterwürfigkeit und Zurückhaltung. Wenn wir uns zurückhalten und unterwerfen, können wir schließlich auch nichts falsch machen, oder? Wenn wir nicht auffallen, waren wir vielleicht gar nicht da und müssen auch nicht mit den jeweiligen Konsequenzen leben. Wenn wir uns unterwerfen und eher andere in den Fokus stellen, dann sabotieren wir uns selbst, weil wir nie dazu kommen, unser wahrhaftiges Selbst auszuleben und zu präsentieren, wer wir wirklich sind.

Distanz und Trennung sind Teil einer weiteren Strategie, die wir häufig bewusst oder unbewusst anwenden und mit der wir uns selbst im Weg stehen. Wenn wir uns nicht zeigen, uns mit niemandem austauschen, uns zurückziehen und isolieren, dann kann uns auch niemand schaden. So mag es zunächst scheinen, doch schaden wir uns damit nicht selbst ungemein? Wenn wir gesehen oder gehört werden wollen, dann müssen wir uns mitteilen.

Der letzte Aspekt ist mangelnde Selbsthygiene, das bedeutet, dass wir nicht auf die Signale unseres Körpers hören und nicht wirklich mit ihm verbunden sind. Wir gönnen uns keine Ruhe, achten nicht auf unsere Ernährung, bewegen uns nicht ausreichend, gehen nicht hygienisch mit unserem Körper um. Dabei sollten wir unser Wohlbefinden häufiger priorisieren und uns aufgrund stressiger Situationen oder Lebensphasen nicht selbst vernachlässigen.

Wie geht man mit diesen Selbstsabotage-Strategien am besten um? Wenn die Beantwortung dieser Frage doch nur so einfach wäre. Es gibt hierfür nämlich keine allgemeingültige Antwort, da wir alle anders sind und jede:r von uns aufgrund der eigenen Erfahrungen anders mit Themen und Konflikten umgeht. Der erste Schritt zu einem gesünderen Umgang mit uns selbst kann aber das Entwickeln eines Bewusstseins für diese Thematik sein.

Konntest du dich in Teilen der vorgestellten Bewältigungsstrategien wiederfinden? Falls ja, dann wird es dir das nächste Mal vielleicht eher auffallen, wenn du dich in einer unangenehmen Situation unterwirfst oder dich isolierst. Der einzige Ausweg aus der Selbstsabotage ist das Selbstbewusstsein! Wir können unser Selbstbewusstsein stärken, indem wir uns von Personen und Situationen abgrenzen, die uns nicht guttun, und unsere Gefühle zulassen und aktiv spüren. Das sind Akte der Selbstliebe. Wir sollten damit aufhören, uns ständig zu verurteilen und zu bestrafen, wenn unser Leben mal nicht so läuft, wie wir es uns eigentlich wünschen, und uns vergeben. Um voranzukommen, müssen wir also nicht nur nach vorn schauen, sondern vor allem in unseren Kopf.

What is Angst? – Baby don't hurt me

Man könnte auch sagen: Um nach vorn zu schauen, müssen wir in unser Inneres blicken. Nur so kommen wir unserem Glück und unserem echten Selbst näher. Wie sieht es so in deinem Inneren aus? Wie fühlt es sich für dich an, dazu aufgefordert zu werden, darüber nachzudenken? Was soll das überhaupt bedeuten? Und wie soll das gehen?

Ich glaube, selbst die neuesten iOS- oder Android-Updates sind noch nicht so weit, dass sie uns Einblicke in unser Inneres gewähren können. Was ich meine, wenn ich das schreibe, ist, dass wir damit anfangen sollten, uns selbst zu reflektieren. Falls du dir jetzt denkst, „Wie meint der das?“, „Selbst reflektieren?“, „Wie soll das gehen?“, und dir der Begriff Reflexion hauptsächlich im Zusammenhang mit Prismen begegnet ist, dann lass es mich dir erklären.

Selbstreflexion ist nichts anderes als Selbstwahrnehmung. Wenn du dich selbst reflektierst, dann beobachtest du dich, deine Gedanken, dein Verhalten und deine Emotionen. Du hinterfragst dich aus einer realistischen, aber trotzdem kritischen Perspektive. Wann wurdest du das letzte Mal zur Selbstreflexion aufgefordert? „Denk mal drüber nach!“, habe ich, glaube ich, das letzte Mal gelesen als Schlusssatz einer konfrontativen, emotionalen, mein Verhalten kritisierenden und unendlich langen WhatsApp-Nachricht. Doch wie oft schauen wir in unser inneres Erleben, ohne dazu von außen aufgefordert zu werden? Wie fühlen sich negative Gedanken für dich eigentlich an? Lässt du sie zu, oder schiebst du sie doch lieber von dir weg? Spürst du es auch? Dieses unangenehme Gefühl in der Brust, das grummelige Gefühl im Magen? Angst – wie gehst du mit ihr um? Hältst du einen Moment inne und versuchst dich und deine Gefühle zu verstehen und zu fühlen? *Feel it to heal it* oder doch lieber Smartphone in die Hand und auf den 5G-Wellen surfen? Was gibt's Neues auf Instagram? Wenn du Angst hast, dann einfach weiter swipen. Und am besten noch hier klicken! Zigarette angezündet, Wein eingeschenkt, Realität ausgeschaltet. Was könnte ich denn noch so kaufen, damit es mir besser geht? *Generation Toxic: Die Wahrheit über dich und deine Beziehungen.* BEZIEHUNGEN – klingt interessant, ab in den Warenkorb damit. Was könnte ich noch so gebrauchen? Zum Warenkorb hinzufügen, merken und ab zur Kasse – Hauptsache, nicht fühlen. Kaufrausch, Retail-Therapy! Auf Klarna's Nacken, 3, 2, 1 – meins! „I see it, I like it, I want it, I got it!"

Wir machen alles und lenken uns auf unterschiedlichste Arten und Weisen ab. Die Ablenkungen warten schließlich überall auf uns, egal ob in der analogen oder digitalen Welt. Wir versuchen alles, um uns selbst zu entfliehen und nicht zu fühlen. Doch um uns besser zu verstehen und mehr über uns zu lernen, müssen wir uns selbst erleben und spüren. Und das funktioniert nicht, wenn wir bei jeder negativen Emotion, die aufkommt, direkt weglaufen. Um uns selbst, und damit auch andere, besser zu verstehen, müssen wir unser körperliches und seelisches Empfinden zulassen – auch wenn uns das erst mal Angst machen mag.

Doch ich habe etwas, das unsere persönliche Angst zumindest ein wenig relativieren kann: Denn wir sind nicht allein! Negative Gedanken und Gefühle machen nicht nur dir und mir, sondern eigentlich allen Menschen zunächst Angst. Ängste sind angeboren, essenziell für unsere Entwicklung. So unangenehm sich Angst für uns auch anfühlt, sie schützt uns vor Bedrohung und hilft uns zu überleben. Wenn wir jedoch von Angst geleitet unsere negativen Gefühle und Emotionen nicht spüren wollen, dann bekämpfen beziehungsweise fliehen wir vor unserer eigenen Wahrheit und damit vor uns selbst. Kampf oder Flucht, *Fight or Flight*. Ich bin nicht der Erste, der von sogenannten Kampf-oder-Flucht-Reaktionen spricht. Jemand anderes hat Fight-or-Flight-Reaktionen wie kein anderer geprägt. Und damit meine ich nicht David Fincher, den Regisseur des vor toxischer Männlichkeit triefenden Psychothrillers *Fight Club* von 1999. Ich meine den US-amerikanischen Physiologen & Psychologen Walter Cannon. Sagt dir nichts? Seine wissenschaftlichen Erkenntnisse sind spannender, als man es sich in Hollywood ausdenken könnte.

Laut Cannon seien sogenannte Fight-or-Flight-Responses fest in uns verankert. Sowohl wir Menschen als auch Tiere würden damit auf akute Bedrohungen aus unserer Umgebung reagieren. Sobald eine Gefahr auftrete, passe sich unser Körper an diese Situation an. Unsere Atmung werde flacher, Adrenalin beschleunige den Herzschlag und versorge die Muskeln mit Blut. Unser Körper sagt uns damit, dass wir uns für eine gewisse Handlung entscheiden müssen, um uns zu schützen. Walter Cannon erforschte die neurobiologischen Abläufe bei Bedrohung an Tieren und ihrer Reaktion. Seine Forschungsergebnisse können wiederum auf den Menschen übertragen werden.

Angstgefühle und -reaktionen sind nichts, was nur uns moderne Menschen betrifft. Blicken wir ein paar tausend Jahre zurück. Damals haben Menschen in einer fast unberührten Natur gelebt und waren immer wieder mit der Bedrohung durch Raubtiere konfrontiert. Die Kampf-oder-Flucht-Reaktionen waren in diesen Situationen überlebenswichtig, da sich Atmung und Herzfrequenz erhöhen, unsere Gliedmaßen so mit mehr Sauerstoff versorgt werden und wir dadurch mehr Energie haben, um entweder zu kämpfen oder so schnell wie möglich zu fliehen. Evolutionär gesehen macht es also Sinn, dass sich die Fight-or-Flight-Reaktionen in uns verankert haben, da sie überlebenswichtig waren.

Doch was genau passiert da in unseren Körpern auf neurobiologischer Ebene, wenn wir Angst spüren? Der Verhaltensbiologie Dr. Joachim Bensel hat es im *Lexikon der Biologie* so zusammengefasst: „Ein Alarmsignal aus dem Gehirn setzt einen Adrenalinstoß aus der Nebennierenrinde frei, der über das sympathische Nervensystem und über den Blutstrom binnen kurzer Zeit das Körpergeschehen auf die physiologischen Bedürfnisse einer Alarmreaktion umstellt." Klingt kompliziert und ist ehrlich gesagt auch kompliziert. Die Ausschüttung von Adrenalin habe messbare Auswirkungen auf unsere körperliche Reaktion, sie führe im Einzelnen zu „vermehrte[r] Ausschüttung von Hormonen, [der] Beschleunigung von Herzfrequenz, Puls und Atemfrequenz, [der] Zunahme des Blutdrucks, von Fett und Zucker im Blut, [der] Erhöhung der Blutgerinnungsfaktoren, Pupillenerweiterung" und einigen anderen Veränderungen, die uns in höchster Alarmbereitschaft halten. Was wir uns merken sollten: Diese körperlichen Reaktionen sollen uns das Level an Energie bereitstellen, das unser Überleben sichern soll. Vor allem in Bezug auf Stresssituationen in der Tierwelt, also in Interaktion mit gefährlichen Raubtieren, macht die Kampf-oder-Flucht-Reaktion entsprechend Sinn. Auch wenn wir uns als Menschen heute in Situationen befinden, in denen wir körperlich in Gefahr sind, kann dieser Adrenalinstoß hilfreich und sogar überlebenswichtig sein. Jedoch sollten wir das Ausmaß der Fight-or-Flight-Reaktionen in unserer modernen Welt hinterfragen, denn inzwischen sind die meisten Bedrohungen nicht mehr körperlicher Natur, sondern eher kognitiver. Wir machen uns schließlich nicht mehr darum

Sorgen, dass wir eventuell von einem wilden Tier gefressen werden könnten. Ich weiß ja nicht, wie es bei dir so ist, aber ich fliehe in meinem Alltag häufiger vor dem Algorithmus als vor wilden Bären. Wir sorgen uns heutzutage eher um unseren Job, unsere finanzielle Situation oder um unsere Beziehungen. Wir müssen also nicht wie vor Tausenden von Jahren wirklich kämpfen oder fliehen, doch unser Körper aktiviert bei befürchteter oder potenzieller Bedrohung immer noch dieselbe Reaktion. Dieser Adrenalinstoß führt allerdings in den seltensten Fällen dazu, dass wir ins Gym oder joggen gehen, um unsere überschüssige Energie abzubauen. Häufig führt das überschüssige Adrenalin zu Affekthandlungen, also zu Entscheidungen, die im Rahmen von heftigen Emotionen und Stimmungen, wie zum Beispiel Angst oder Wut, getroffen werden und die wir später vielleicht bereuen. In diesen Momenten handeln wir aus dem Affekt, also aus unseren Gefühlen heraus. Doch unabhängig von getroffenen Entscheidungen kann eine solche Angstreaktion auch bei alltäglichem Stress zu einer erhöhten Aktivität des Nervensystems und damit verbundenen Angstsymptomen führen. Du spürst dein Herz klopfen, dein Puls steigt, du fängst an zu schwitzen, zu zittern oder das Atmen fällt dir schwer. So fühlt sich Angst für uns in den meisten Fällen an.

Warum wir Angst verspüren, sollten wir nun aus evolutionärer Sicht nachvollziehen können. Doch wann kann Angst unsere Entwicklung auch einschränken oder behindern? Wir begegnen der Angst zum ersten Mal in unserer Kindheit, beziehungsweise werden wir in dieser Zeit das erste Mal mit ihr konfrontiert. Abhängig von unserer genetischen Anlage und unserer familiären und sozialen Umwelt gehen wir alle unterschiedlich mit Angst um. Jede:r reagiert anders auf sie und entwickelt andere Ängste. Dabei kennt die Angst kein Limit und auch kein Tabu. Wir können so gegen wirklich alles Ängste entwickeln, wenn wir entsprechende angstbesetzte Erfahrungen mit Personen, Situationen oder Dingen gemacht haben und diese Erfahrung nie korrigieren konnten. Wenn wir Angst nicht hinterfragen und reflektieren, dann wird sie uns auch nicht loslassen.

Doch Angst ist nun mal ein Teil unserer Existenz und ein Leben ohne eine einzige Angst nicht wirklich realistisch. Deshalb sollten wir damit anfangen, sie besser zu verstehen. Der Psychoanalytiker Fritz Riemann ist mit seinem Werk *Grundformen der Angst* in der Angst-Szene so in etwa das, was Madonna für die Pop-Szene ist. Er ist der Vorreiter, wenn es um die Erforschung von Angst geht! *Life is a mystery,* doch wenn es um Angst geht, dann hat Riemann die Antworten. Er spezifiziert Angst und geht davon aus, dass sich alle Ängste auf vier Grundängste zurückführen lassen, mit denen sich jeder Mensch im Laufe der eigenen Entwicklung auseinandersetzen müsse. Doch Obacht! Es ist natürlich nicht so einfach, Dinge, Menschen und auch Ängste immer zu kategorisieren, in Schubladen zu stecken und zu labeln. Aber diese sogenannte Typologisierung der Angst in vier Kategorien kann uns dabei helfen, Erklärungen für eigene und fremde Verhaltensweisen und Ängste zu entwickeln. Wovor man so alles Angst haben kann? Fragen wir doch mal Herrn Riemann!

Er beschreibt die erste Form der Angst als die Angst vor der Hingabe. Riemann nennt Persönlichkeiten mit dieser Form von Angst schizoide Persönlichkeiten. Sie strebten nach Selbstbewahrung und würden ihr Ich von der Außenwelt abgrenzen wollen. Diese Persönlichkeiten zielten auf Distanz und Abstand. Besonders wichtig sei ihnen Autonomie und Unabhängigkeit, danach hätten sie nämlich ein übersteigertes Bedürfnis. Am liebsten wollten sie von niemandem abhängig sein, niemandem etwas schuldig sein und im besten Fall niemanden brauchen. Ihre Emotionen würden sie einfach ein- oder ausschalten, ihr emotionales Erleben könnten sie nicht wirklich ausdrücken. Sie distanzierten sich von Mitmenschen, würden gerne Abstand halten und sich nur begrenzt auf andere Menschen einlassen. Laut Riemann würden bei ihnen Angst und Bedrohung dann getriggert, wenn ein benötigter und eingeforderter Abstand missachtet werde. Sie hätten entsprechend Angst vor Bindungen, was in sozialer Isolation und Einsamkeit resultieren könne. Sie hätten nie richtig gelernt, Gefühle wie Liebe, Wertschätzung oder auch Zuneigung wahr- oder anzunehmen. Deshalb könnten sie anderen Personen nicht mit diesen Gefühlen begegnen oder diese Gefühle im Allgemeinen nicht ausdrücken. Da schizoide Persönlichkeiten nicht wirklich Kontakt zu anderen Menschen hätten, werde dieses Mindset weder von ihnen noch von anderen hinterfragt und verfestigt sich dadurch mit fortlaufender Zeit immer mehr. Soziale und zwischenmenschliche Unsicherheit sei dementsprechend ein Dauerzustand, und dieses ängstliche Verhalten könne aufgrund des fehlenden Kontakts zu anderen nicht korrigiert werden. Doch woran liegt das? Wieso haben diese sogenannten schizoiden Persönlichkeiten eine solch große Angst vor zwischenmenschlichen Beziehungen?

Riemann erklärt das mit ihrer frühen Beziehung zu den Eltern oder Bezugspersonen. Bei diesen Persönlichkeiten sei es so, dass sie von ihren Bezugspersonen häufig alleingelassen wurden, sie ihnen gleichgültig und distanziert begegneten oder nur unregelmäßig für sie verfügbar waren. Zwischenmenschliches Verhalten habe entsprechend nicht adäquat erlernt werden können und löse als erwachsene Person Angst aus. Doch da kein Bewusstsein für diese Ängste bestehe, resultiere diese Angst in Isolation und dadurch in noch mehr Angst, Angst vor der Hingabe.

Die zweite Form der Angst ist die sogenannte Angst vor der Selbstwerdung. Riemann kategorisiert Persönlichkeiten mit dieser Form der Angst als depressive Persönlichkeiten. Sie strebten vor allem nach Nähe und Zuneigung. Charakteristisch für Personen, die vor der Selbstwerdung Angst hätten, sei eine Ich-Schwäche. Das bedeutet, dass sie nur eine unzureichende Entwicklung der eigenen Wünsche und Bedürfnisse vorweisen könnten. Im Gegensatz zu schizoiden Persönlichkeiten seien die depressiven Persönlichkeiten sehr auf zwischenmenschlichen Kontakt und das Vorhandensein eines Partners oder einer Partnerin angewiesen. Eine Distanz zwischen Ich und Du sei für diese Menschen nur schwer auszuhalten, da sie dem Du so nahe wie möglich sein wollten. Sie würden Zuneigung und Nähe von anderen brauchen, da diese Personen kein eigenes Ich entwickelt hätten und ständig Halt im Außen suchten. Es bestehe dementsprechend ein ständiges Abhängigkeitsverhältnis zum Außen. Konflikte werden vermieden, um den Partner oder die Partnerin bloß nicht zu verlieren, was für depressive Persönlichkeiten fatal wäre, denn sie seien schließlich von der Zuneigung und Wertschätzung ihres Außens abhängig. Aus Angst würden die eigenen Bedürfnisse, Wünsche und Ziele dem Bedürfnis nach Liebe und Harmonie untergeordnet. Es folge meist die Unterwerfung in zwischenmenschlichen Beziehungen, was einen maßgeblichen Einfluss auf die Unterentwicklung des Ichs hat. Dazu komme übermäßige Selbstlosigkeit und kein wirklicher Anspruch an sich selbst. Diese Personen seien sehr geduldig und wenig egoistisch. Aber ob das immer gut ist? Nur auf andere zu achten und nicht auf sich selbst? Es bestehe Angst davor, ein eigenständiges Ich zu sein und einen eigenen Weg zu gehen, denn das würde ja Unabhängigkeit bedeuten. Und Unabhängigkeit löse in diesen Fällen große Angst aus. Die eigene Individualität werde aufgegeben, um Liebe und Harmonie sicherzustellen. Doch woran liegt das? Werfen wir einen Blick auf die Entwicklungsgeschichte dieser Persönlichkeiten. Hier könne der Einfluss der frühen Beziehung zwischen den Kindern und den jeweiligen Eltern und Bezugspersonen sehr widersprüchlich gewesen sein. Entweder seien Kinder, die depressive Persönlichkeiten vorweisen, extrem verwöhnt und überbehütet oder sehr vernachlässigt worden. Wenn Kinder zum Beispiel so sehr verwöhnt wurden, dass sie bei jedem Unwohlsein übermäßig geschützt wurden, steigt die Wahrscheinlichkeit dafür, dass diese Kinder Erwachsene mit depressiven Persönlichkeiten würden. Diese Kinder seien nicht in der Lage dazu, ihre eigenen Bedürfnisse und Wünsche zu spüren. Sie könnten diese nicht verbalisieren und dementsprechend auch nicht selbst erfüllen. Diese Kinder hätten keine Chance gehabt, ihre eigenen Gefühle zu äußern und Lösungen für die eigene Gefühlswelt zu entwickeln. Die Kinder blieben abhängig von der Reaktion der überbehütenden Eltern und hätten kein eigenes realistisches Selbstbild entwickeln können. Depressive Persönlichkeiten seien passiv, abhängig und übertragen das auch als erwachsene Person auf ihre Partnerschaften und würden sich aus Angst, Angst vor der Selbstwerdung, unterwerfen.

Die dritte Form der Angst bezeichnet man als Angst vor der Veränderung. Riemann kategorisiert Persönlichkeiten mit dieser Form der Angst als zwanghafte Persönlichkeiten, die nach Dauer und Beständigkeit strebten. Zwanghafte Persönlichkeiten hielten, wie zu erwarten, zwanghaft an Bestehendem und Vertrautem fest. Sie seien perfektionistisch, fleißig, zuverlässig und wünschten sich Dauer, Beständigkeit und Verlässlichkeit. Halt, stopp! Hier bleibt alles so, wie es ist! Erinnerst du dich? Eindeutig zwanghafte Persönlichkeit ... Zwanghafte Persönlichkeiten würden Spontanität vermeiden und zeigten ungern Gefühle, da diese sich nur bedingt kontrollieren und vorhersagen ließen, was dem Bedürfnis nach Verlässlichkeit widerspreche. Gefühle triggerten in diesem Fall starke Ängste. Diese Personen seien häufig sehr sachlich und rational, in zwischenmenschlichen Beziehungen könnten sie deshalb kühl und distanziert wirken. Auch in intimen Beziehungen würden Partnerschaft, Sexualität und andere Gefühle rationalisiert, obwohl diese Themen eigentlich nicht plan- und absicherbar sind. Schließlich können wir in zwischenmenschlichen Beziehungen nur eingeschränkt vorausschauen. Zwanghafte Persönlichkeiten würden sich für neue Möglichkeiten und Chancen verschließen, da sie sich auf das Alte und Bekannte fokussierten. Sie hätten ein starkes Sicherheitsbedürfnis und Angst davor, dass das Gewohnte und Vertraute, das ihnen Sicherheit und Identität gebe, durch neue Ansichten und Entwicklungen hinterfragt oder relativiert werden müsse. Denn dann müssten sie sich mit der Vergänglichkeit von Dingen, dem Leben und letztlich dem eigenen unausweichlichen Tod auseinandersetzen. Diese Konfrontation führe bei diesen Menschen zu Unsicherheit und Angst.

Entsprechend versuchten sie, diese Situationen zu vermeiden. Veränderung werde unterbunden oder aufgehalten. Doch woher rührt ihre Beunruhigung im Angesicht von Veränderungen?

Laut Riemann seien zwanghafte Persönlichkeiten, entwicklungsgeschichtlich gesehen, von ihren Bezugspersonen dazu gedrängt worden, auftretende, eigentlich altersgerechte Emotionen zu unterdrücken. Es habe zu früh Gebote und Verbote gegeben – Eigenwilligkeit und Selbstbestimmung seien dementsprechend unterdrückt worden. Das Kind habe sich fügen müssen, anpassen und keine eigenen Entscheidungen treffen dürfen oder spontan sein, was in zwanghaften Zügen und damit auch zu Problemen und Ängsten in zwischenmenschlichen Beziehungen als erwachsene Person führen könne, Angst vor der Veränderung.

Die vierte und letzte Grundform der Angst ist die Angst vor der Notwendigkeit. Riemann kategorisiert Persönlichkeiten mit dieser Angst als hysterische Persönlichkeiten. Diese Persönlichkeiten strebten nach Wechsel und Neuerung. Sie seien das Gegenteil von zwanghaften Persönlichkeiten, denn sie zeichneten sich aus durch Lebhaftigkeit, Emotionalität, Spontaneität und Wandlungsfähigkeit. Sie liebten Abwechslung, erlebten die Momente im Hier und Jetzt sehr intensiv, ohne Sorgen über die Vergangenheit oder die Zukunft. Sie würden sich frei ausdrücken, mitteilen und ihr Inneres nach außen tragen. Sie sehnten sich nach der Freiheit im Hier und Jetzt und wollten ihre Bedürfnisse am liebsten sofort befriedigen, ohne die Konsequenzen ihres Verhaltens zu berücksichtigen. Konsequenzen liegen nun mal in der Zukunft, und damit wollen hysterische Persönlichkeiten sich im Hier und Jetzt nicht auseinandersetzen. Sie wirkten oft unlogisch, irrational und undurchschaubar, wodurch sich Menschen im Umfeld von diesen Persönlichkeiten häufig machtlos fühlten. So wichtig in unserem Alltag Abwechslung, Spontanität und Veränderung auch sind, genauso benötigen wir Sicherheit und Halt. Doch hysterische Persönlichkeiten hätten Angst davor, die Realität anzuerkennen, in dieser zu funktionieren oder die Verantwortung für eigenes Verhalten und Handeln zu übernehmen. Sie hätten Angst, sich festzulegen und notwendige Entscheidungen zu treffen, da dies ihrem Freiheits- und Ungebundenheitsbedürfnis im Weg stehen würde. Doch woran liegt das? Laut Riemann lässt es sich damit erklären, dass diesen Kindern Führung, Verlässlichkeit und Ordnung in der frühen Kindheit fehlte. Sie wuchsen in chaotischen, widersprüchlichen und für Kinder unverständlichen Zuständen auf. Dementsprechend hätten sie keinen Halt und keine Orientierung erleben können. Sie hatten keine Struktur oder Verlässlichkeit und blieben deshalb verantwortungslose Kinder. Als erwachsene

Personen würden diese Menschen sich jeder eingrenzenden und angstauslösenden Entscheidung und Festlegung entziehen, getrieben von der Angst vor der Notwendigkeit.

Und wie fühlst du dich, nachdem du die Grundformen der Angst jetzt so geballt präsentiert bekommen hast? Konntest du dich irgendwo einordnen? Konntest du dich noch an die besagte Folge des heute doch eher kritisch zu betrachtenden Formats *Frauentausch* erinnern? Eher schizoid oder doch eher depressiv? Eher zwanghaft oder doch hysterisch? Wir tragen alle Anteile dieser Ängste und Persönlichkeitstypen in uns, je nach Anlage und Umwelt haben wir bestimmte Tendenzen. Doch natürlich ist es nicht so einfach, die Ängste aller Menschen auf der Welt in vier Kategorien einzuordnen und jede Person in eine dieser Kategorien zu stecken. Ich kann also Entwarnung geben. Wenn du dich in einer oder mehreren Kategorien wiederfinden konntest, dann ist das kein Grund zur Panik. Diese Kategorien sind kein allgemeingültiges Schema, sondern sollen eher zu Vergleichbarkeit und Verständlichkeit führen, denn wir sind nicht nur der Einfluss unserer frühkindlichen Geschichte oder unserer Ängste, sondern eher die Summe unserer individuellen Erfahrungen. Doch Riemanns Theorien können uns dabei helfen, besser zu verstehen, was Angst eigentlich ist und wieso wir sie in bestimmten Situationen verspüren.

Wenn wir auf die Beziehungsebene gehen, dann begegnen uns sehr häufig Bindungsangst und Verlustangst. Erinnerst du dich noch an den Einfluss unseres Bindungsstils auf unser Verhalten in intimen Beziehungen? Kleine Auffrischung: Wenn wir unsicher-vermeidend gebunden sind, von unseren Eltern oder Bezugspersonen also nur wenig Nähe und Sicherheit bekommen haben, dann sind wir in unseren Beziehungen unsicher und vermeiden diese in den meisten Fällen. Wir haben Angst, dass uns eine Partnerschaft die eigene Freiheit nehmen und uns dadurch im Weg zum persönlichen Glück stehen könnte. Es besteht also Bindungsangst! Doch dann gibt es auch noch die sogenannte Verlustangst. Diese basiert auf einem unsicher-ambivalenten Bindungsstil. Das bedeutet, dass Eltern diesen Kindern widersprüchlich begegnet sind, ihnen entweder viel Nähe und Intimität gegeben haben oder eben gar nicht. Bei Personen, die unsicher-ambivalent gebunden sind, ist es sehr wahrscheinlich, dass sie in Beziehungen immer wieder Angst davor haben, verlassen zu werden. Außerdem bestehen sehr hohe und manchmal unrealistische Erwartungen an die Partner:innen und die Beziehungen. Gut zu wissen, dass es für diese Gefühle Begriffe gibt, man sie einordnen und sich dadurch besser reflektieren kann, oder? Aber was ist die Lösung? Wieso fühlen wir uns so, und wie können wir diese Gefühle loswerden?

Wenn du jetzt erwartest, dass du die Antwort darauf bekommst, warum du manchmal Bindungsangst hast oder warum gerade du in Beziehungen Verlustängste entwickelst, dann muss ich dich leider enttäuschen. Ich kenne dich ja gar nicht persönlich und kenne auch nicht deine Geschichte, deshalb kann ich dir nicht die ultimative, für dich passende Antwort liefern. Doch vielleicht hilft dir das Wissen um die Angstformen – von denen wir alle Anteile in uns tragen – dabei, deine zwischenmenschlichen Beziehungen und dich selbst besser zu verstehen. Hattest du schon mal Bindungsangst? Wenn ja, woran lag das? Welches Verhalten hat deine Angst getriggert? Nur du hast die Antwort auf deine persönlichen Fragen.

Was sich jedoch festhalten lässt, ist die Tatsache, dass wir nicht unsere Ängste sind. Auch wenn unsere negativen Erfahrungen in Summe so viele Ängste in uns auslösen können, dass wir Beziehungen vermeiden oder uns zu sehr in diesen verlieren. Angst zeigt sich bei jedem Menschen anders, und es gibt keine allgemeingültige Antwort dafür, wie wir Ängste überwinden können. Klar ist nur: Um uns von unserer Angst zu lösen, müssen wir uns mit ihr beschäftigen. Wir sind abhängig und wir sind sterblich, und Angst ist eine Spiegelung davon. Angst ist in Ordnung, und Angst ist manchmal sogar hilfreich und überlebenswichtig. Wenn wir aber merken, dass unsere Ängste uns mehr einschränken als nützen, sollten wir uns überlegen, uns jemandem anzuvertrauen und über unsere Ängste zu sprechen. Unsere Ängste bauen sich dann ab, wenn wir ihnen begegnen. Häufig sind die Dinge in unserer Vorstellung schlimmer als in der Realität. Die Vorstellung vom Schmerz, den wir erfahren könnten, wenn wir uns unseren Ängsten stellen, ist viel schlimmer als der tatsächliche Schmerz, den wir empfinden, wenn wir unsere Ängste überwunden haben. Da wo die Angst ist, sollten wir entlanggehen. Zudem können wir unseren eigenen Ängsten auch mit anderen Gefühlen begegnen. Wie wäre es zum Beispiel mit Glauben, Mut, Hoffnung, Liebe oder Vertrauen?

Déjà-vu du Trauma – Denktäuschung Spezial

Kurzes Check-in: Wie geht es dir gerade? Dieses ständige Getriggertwerden. Ich will nicht sagen, ich habe es dir ja gesagt, aber: Ich habe es dir doch gesagt: Triggerwarnung! Was denkst du mittlerweile – nach der Vielzahl an Beschreibungen von Traumata, Angstformen, Sorgen, Bindungsstilen und (un-)gesunden Verhältnissen zu Eltern oder Bezugspersonen? Der einfachste Weg aus der Überforderung kann Akzeptanz sein. Akzeptanz dafür, dass wir die Vergangenheit nicht ändern und die Zukunft nicht beeinflussen können. Deshalb macht es am meisten Sinn, im

Hier und Jetzt zu leben und dabei präsent und achtsam zu sein. Wie Eckhardt Tolle in seinem Erfolgsbuch zu lehren weiß: *Jetzt! Die Kraft der Gegenwart*. Er weiß einfach Bescheid. Trotzdem ist es gut zu wissen, was für Angstformen es gibt und wie unsere frühkindlichen Beziehungen unser Verhalten als Erwachsene beeinflussen können. Wir müssen unser inneres Kind kennen- und lieben lernen, denn *Das Kind in dir muss Heimat finden*, oder, Stefanie Stahl? Jede:r von uns, inklusive unserer inneren Kinder, hat eine eigene Geschichte, und letztendlich machen wir doch alles richtig, wenn wir in unserem Leben irgendwie zurechtkommen und andere nicht zu sehr verärgern, oder nicht? Bloß niemandem auf den Schlips treten und freundliche Umgänge pflegen. Unabhängig von meinem individuellen Trauma, von meinen Ängsten, meiner eigenen Toxizität und dem Geisteszustand meines inneren Kindes bin ich doch eigentlich ganz in Ordnung. Ich würde sogar sagen, ich bin ein richtig guter Freund! Zähne zusammenbeißen und das machen, was von mir erwartet wird. Das, was von mir sozial erwünscht und gefordert wird, kann ich auch abliefern. Anpassung sei Dank!

Aber denken und handeln wir dann eigentlich selbstbestimmt? Wie verhältst du dich so in deinen zwischenmenschlichen Beziehungen? Fühlst du dich sicher, oder lösen sie immer wieder gemischte Gefühle in dir aus? Gibt es Menschen, bei denen du dein echtes Selbst sein kannst (wann genau dieser Zustand erreicht sein soll, sei an dieser Stelle mal dahingestellt)? Oder sind da ständig diese Stimmen in deinem Kopf, die dich vor möglichen (zwischenmenschlichen) Katastrophen warnen? Davor, dass du verlassen werden könntest? Davor, dass du etwas Wichtiges noch nicht überdacht hast?

Unsichere Gefühle in unseren Beziehungen lassen sich sehr häufig darauf zurückführen, dass wir uns als Kinder in unserer

Umwelt, also unserem Zuhause, nicht sicher oder nicht wohlgefühlt haben. Dysfunktionales und toxisches Verhalten kann deshalb als eine Form von Traumareaktion angesehen werden – Selbstsabotage als Déjà-vu schlechter Kindheitserinnerungen. Unsere frühkindlichen Beziehungen beeinflussen unser Verhältnis zu uns selbst und zu anderen. Um ein Gefühl dafür zu entwickeln, wann wir in unseren Traumata getriggert sind und beeinflusst von ihnen reagieren, und wann wir authentisch und unabhängig von ihnen handeln, kann es helfen, wenn wir uns zu diesen Themen weiterbilden. Psychoedukation, also die systematische und strukturierte Vermittlung von wissenschaftlich fundiertem psychologischem Wissen, ist dementsprechend ein wichtiges Element, wenn wir uns selbst reflektieren wollen. Wir können das Vermittelte auf unser eigenes Leben übertragen und lernen so mehr über uns und unsere Beziehungen. Auch wenn ich dich anfangs davor gewarnt habe, dass ich dich triggern und dir das vielleicht Angst machen könnte, freue ich mich umso mehr darüber, dass du deiner eigenen Wahrheit inzwischen ein Stück nähergekommen bist.

Schiebst du gerade eigentlich irgendwelche Filme? Wenn ja, was spielt sich vor deinem inneren Auge ab? Neue Erkenntnisse? Konntest du schon Erklärungen für dein eigenes Verhalten oder das der anderen finden? Was war der bis jetzt krasseste Plot-Twist? Falls du dachtest, dass es nicht noch informativer, unterhaltsamer und berührender werden kann, dann hast du die Rechnung ohne *Die Giovanni Zarrella Show* vom ZDF gemacht. Und vielleicht auch ohne das, was ich jetzt mit dir besprechen möchte. Lass uns gemeinsam weitergehen und den nächsten Schritt in unserer Selbstreflexion wagen. Angst ist an dieser Stelle nicht nötig, „’cause baby, I believe – I believe in you!“. Ich habe dieses Buch schließlich nicht umsonst als den psychologisch am besten zertifizierten Psychothriller aller Zeiten [Woke-Edition] angekündigt. Mach dich bereit für bisher nie da gewesene kognitive Plot-Twists, die dein Verständnis von so wirklichen allem (also fast allem) auf den Kopf stellen werden. Spannung pur, Nervenkitzel, Mega-Blockbuster!

Wir wollen an dieser Stelle natürlich keine Jugendschützer:innen auf den Verlag hetzen und das Buchcover nachträglich mit FSK-18-Stickern versehen müssen. Wenn es geht, dann also bitte den Film in deinem Kopf anpassen. Ein bisschen familienfreundlicher! Weniger brutale und angsteinflößende Selbstreflexionskulissen, stattdessen eher so was wie die Schattenwand damals bei Alida Kurras. Erinnerst du dich noch? „Das Geständnis – heute sage ich alles!" Hinter der Schattenwand: du, vor der Schattenwand: ich. Die Fragerunde startet. Was macht dich als Person aus? Was macht dich liebenswert? Wieso wirst du von deinen Liebsten geliebt? Bist du immer für andere da? Ich weiß doch, du achtest immer so sehr auf alle in deinem Umfeld. Du bist so ehrlich und teilst wirklich immer alles mit, was dir auf der Seele brennt. Wieso machst du dir eigentlich so viele Gedanken über andere Menschen? Darüber, was sie von dir denken könnten? Bist du wirklich immer so positiv, wie es scheint? Du möchtest, dass es allen gut geht, und machst dafür einfach alles. Liebe ist ja in gewisser Weise bedingungslose Hingabe, oder, Dr. Sommer? „You give your all to me and I give my all to you." Ich habe gerade erst wieder ein Hochzeitsvideo auf Facebook gesehen, in dem das frisch getraute Ehepaar zu diesem Song getanzt hat – wie süß! Selbstlos sein und sich aufopfern ist nun mal super romantisch, oder? Findest du nicht?

Okay, dann lasst uns den John-Legend-All-of-Me-Filter für einen kurzen Augenblick ausschalten und mit ein paar Psycho-Mythen aufräumen, die uns auf den ersten Blick vielleicht gar nicht so selbstzerstörerisch erscheinen, wie sie tatsächlich sind.

Wann sind wir wirklich wir selbst, und wann lassen wir uns von unseren Unsicherheiten und Ängsten leiten? Wann stehen unser Selbstwert und unser Ego uns im Weg? Sobald du die folgenden Dinge weißt, kannst du gar nicht anders, als beim nächsten Mal mehr wie du selbst zu sein. Halte dich fest, denn das, was jetzt kommt, wird spannender, informativer und erleuchtender, als jeder Schnelldurchlauf bei den *VIVA Top 100* je gewesen ist.

Diese Woche instabil auf Platz 4 in der Psychoparade der toxischen Bewältigungsstrategien – wie letzte Woche auch schon: *People Pleasing*. Für alle unter euch, die bisher noch nicht wirklich woke gewesen sind und nicht wissen, was sie sich darunter vorstellen können: People Pleaser:innen wollen anderen Menschen ständig gefallen. Ihr größtes Missverständnis? Sie denken, dass sie dazu in der Lage sind, alle um sich herum glücklich zu machen. Sie tun fast alles für das Wohlergehen anderer Personen und stellen die Bedürfnisse und Wünsche dieser über ihre eigenen. People Pleaser:innen leiden häufig auch unter der von (Hobby-)Psycholog:innen auf TikTok gerne und häufig gestellten Diagnose Helfersyndrom. Wie es mir geht, ist egal, Hauptsache, dir geht's gut! Doch wozu kann das eigentlich führen, wenn wir uns selbst so unterordnen und unsere kognitive Energie nicht für uns aufwenden, um unsere eigenen Wünsche und Ziele zu verwirklichen, sondern sie hauptsächlich in das Wohlergehen anderer Menschen investieren?

Denken wir doch mal an Beziehungen, egal ob familiär, romantisch oder freundschaftlich. Als People Pleaser:in ist es sehr wahrscheinlich, dass du dich in Beziehungen wiederfindest, in denen du dich nicht wirklich wohlfühlst. Ist ja auch eine logische Schlussfolgerung, wenn du die Bedürfnisse anderer ständig über deine eigenen stellst. Das führt dazu, dass du Angst davor hast, dich von ungesunden Beziehungen zu lösen, weil du glaubst, dass du der anderen Person mit einer möglichen Trennung massiv schaden könntest, weil diese ohne dich nicht zurechtkäme. Auf Dauer kann das ständige Zurückstellen von sich selbst in Schwierigkeiten resultieren, die eigenen Gefühle und Bedürfnisse zu erkennen, sie offen zu kommunizieren und damit auch zu erfüllen oder erfüllen zu lassen. Es wird erwartet, dass unser Umfeld unsere Gefühlswelt und damit einhergehende Bedürfnisse erahnt und von sich aus erfüllt. Falls du es dir noch nicht denken kannst: Das ist gar nicht mal so einfach, schließlich sind wir darauf angewiesen, dass unser Gegenüber sich öffnet und klar mit uns kommuniziert. Wir sind nämlich keine Mentalisten, und ich meine zu wissen, dass die Suche nach *The next Uri Geller* bereits 2009 zum Stillstand gekommen ist.

Langfristig kann People Pleasing sehr frustrierend sein und zu Scham, Unzufriedenheit, Depressionen, Wut, Enttäuschung oder Verbitterung führen. Wir bleiben in einer passiven Rolle stecken und nehmen uns aus Angst davor, verlassen zu werden, zurück. Hinter einem solchen Verhalten steckt, wie so häufig bei selbstzerstörerischem Verhalten, ein geringeres Selbstwertgefühl und ein ausgeprägtes Bedürfnis danach, gebraucht zu werden. Das kann einem nämlich ein Gefühl von Wichtigkeit geben. People Pleaser:innen fühlen sich sicher und selbstbewusst, wenn sie die Bestätigung der anderen erhalten, und sie fühlen sich schuldig und schlecht, wenn sie Nein sagen und für ihre eigenen Bedürfnisse einstehen – in gewisser Weise sind sie also chronische Jasager. Die eigenen Gedanken kreisen unaufhaltsam darum, was andere von einem denken.

Woran das wohl liegen könnte? Ich gebe dir mal einen kurzen Moment, damit du deine Gedanken sammeln kannst. Und kannst du ahnen, worauf ich hinauswill? Ja, es liegt unter anderem wieder an der frühkindlichen Beziehung zu den Eltern oder Bezugspersonen. In der Kindheit von People Pleaser:innen lassen sich oft emotional nicht verfügbare Erwachsene wiederfinden. Typisch sind seelische oder körperliche Vernachlässigung, viel Chaos und wenig Beständigkeit. Ständig mussten wir darauf achten, wie wir uns verhalten, damit wir ja niemanden verärgern, denn das könnte ja negative Konsequenzen nach sich ziehen. People Pleasing als Traumareaktion – war dir dieser Zusammenhang schon bewusst? Die Wurzeln dieses Verhaltens liegen aber nicht immer in der Kindheit. Auch ungesunde oder traumatisierende Beziehungen in unserer Jugend oder unserem Erwachsenenleben können uns auf diese Weise prägen.

Jetzt mal Hand aufs Herz: Wie oft machst du Dinge, auf die du eigentlich keine Lust hast? Wie oft sagst du Ja, obwohl du Nein meinst? In welchen Momenten ordnest du dich unter, um niemanden zu verletzen oder niemanden zu verlieren? Kannst du deine Gedanken und Gefühle offen kommunizieren, oder schwingt da immer diese Angst vor Ablehnung mit?

Doch was tun dagegen? Alles startet mit einem Nein! Wenn wir lernen, Nein zu sagen, wenn wir Nein meinen, sind wir bereits auf dem Wege der Besserung. Lasst es uns doch mal gemeinsam üben! Wenn dich das nächste Mal jemand fragt: „Kannst du mir bitte helfen?“, „Hast du heute Zeit?“, „Bock auf Späti, bisschen cornern?“, „Netflix and chill?“, du dich nicht danach fühlst, aber Schwierigkeiten damit hast, das Anliegen abzulehnen, dann versuche doch eine der folgenden Optionen: „Ich wünschte, ich könnte, aber ich bin gerade leider sehr beschäftigt. Vielleicht beim nächsten Mal!“ Klingt doch eigentlich ganz nett, oder? „Danke, dass du an mich gedacht hast, aber leider schaffe ich es heute nicht.“ Auch nicht schlecht. „Danke für die Einladung, aber ich fühle mich heute eher nach Ruhe.“ *Fifty Shades of Nein.* Ich verstehe schon, du willst wirklich klare und harte Neins verteilen. Wie wäre es denn dann mit so was wie: „Danke für das Angebot, aber nein, ich schaffe es leider nicht", oder mit: „Nein, gerade nicht. Aber falls sich daran was ändern sollte, melde ich mich!" Nein ist nicht immer gleich Nein, und Neinsagen ist in unserer Vorstellung meistens viel schlimmer, als es tatsächlich ist.

Nein? Wie siehst du das? Stimmst du zu? Nein, ich sehe das anders. Gute und authentische Beziehungen verlieren wir nicht, wenn wir mal Nein sagen oder unsere Bedürfnisse und Gefühle offen kommunizieren. Die einzigen Beziehungen, die wir in solchen Fällen verlieren, sind Beziehungen, die von unserer Unterwürfigkeit leben. Und wollen wir solche wirklich?

Weiter geht's in unserem Schnelldurchlauf. Diese Woche neu, aber trotzdem schon ziemlich instabil auf Platz 3: *Oversharing*. Schon wieder Angst davor, was andere von dir denken könnten? Oder doch eher Angst davor, dass du eventuell missverstanden werden könntest? Damit es ja nicht zu Missverständnissen kommt, lautet die Devise beim Oversharing: Je mehr, desto besser! Je detaillierter, akribischer und genauer ich meine persönlichen Gedanken, Gefühle und Erfahrungen teile, desto sicherer bin ich davor, missverstanden und im schlimmsten Fall abgelehnt zu werden. Da ist sie wieder, die Angst. Diesmal also vor Missverständnissen und Ablehnung. Oversharing bedeutet folglich, dass wir uns sowohl in der Kommunikation mit Fremden als auch bei unseren Liebsten zu sehr in Details über uns selbst verlieren. Wir fürchten uns davor, dass andere uns nicht verstehen oder das Gesagte nicht einordnen können. Meistens meinen wir es nur gut, doch es kann dazu führen, dass wir unser Gegenüber überfordern. Hinter Oversharing steckt, ähnlich wie beim People-Pleasing, ein ausgeprägtes Bedürfnis nach Liebe und Akzeptanz.

Doch wieso fällt es uns so schwer, das zu sagen, was wir denken und fühlen, ohne uns dabei in zu vielen Details zu verlieren? Auch Oversharing resultiert aus traumatischen Erfahrungen mit unseren Eltern, Bezugspersonen oder anderen zwischenmenschlichen Beziehungen. Wir wurden missverstanden und mussten uns ausgiebig erklären, um Verständnis entgegengebracht zu bekommen. Wir haben uns weder gesehen noch gehört gefühlt, weshalb wir als Kompensation zu unserem Anliegen so viele Details wie möglich teilen, um die Aufmerksamkeit und Fürsorge unseres Gegenübers zu sichern. Manchmal geht das aber auf Kosten unseres Einfühlungsvermögens und unserer Empathie. Wenn wir unüberlegt alles teilen, was uns so durch den Kopf geht, dann bedenken wir selten, wie es unserem Gegenüber dabei gehen könnte. Kommt die Person überhaupt noch mit? Der wievielte Gedankensprung war das jetzt? Hast du vielleicht etwas gesagt, was dein Gegenüber angegriffen hat, vorwurfsvoll aufgefasst werden konnte oder etwas, was du doch lieber für dich hättest behalten sollten? Oversharing kann uns zunächst ein Gefühl von Intimität vermitteln, doch dahinter steckt das fehlende Setzen von persönlichen, aber auch zwischenmenschlichen Grenzen. Es entsteht meist aus einem Gefühl der Einsamkeit heraus. Doch statt andere, und auch uns, mit unserem Oversharing zu überfordern und zu belasten, sollten wir beobachten, wann wir zu viel teilen und was uns triggert. Und zwischendurch mal nachfragen, ob die andere Person mitkommt. Denn das ist nicht immer so einfach, wenn es Schlag auf Schlag geht.

Da wären wir auch schon bei unserem chronisch instabilen Platz 2 in der Psychoparade der toxischen Bewältigungsstrategien: *Overthinking*. Schon mal davon gehört und bereit, dich damit auseinanderzusetzen? Oder geht dir das gerade alles ein bisschen zu schnell? Hängst du gerade wieder in deinem Gedankenkarussell? Lebst du schon, oder denkst du noch?

Overthinking können wir mit Grübeln übersetzen, also dem langen und intensiven Nachdenken über die immer selben Themen. Wir verlieren uns in unseren Gedanken, aber kommen nicht wirklich voran. Wieso schreibt er nicht? Wieso hat sie die Story gerade jetzt gepostet? Gestern hast du mich irgendwie komisch angeguckt, woran lag das nur? Hey Siri, ruf bitte in alphabetischer Reihenfolge alle meine Freunde an, ich brauche Unterstützung bei der Analyse meiner Gedanken. Was spielt sich alles so in deinem Kopf ab? Wir alle haben diese Stimme in unserem Kopf. Und sie kommt vor allem dann zum Vorschein, wenn uns etwas besonders wichtig ist oder wir etwas gut machen wollen. Diese innere Stimme wird in der Psychologie der „innere Kritiker“, oder eben in der woken Psychologie der:die innere Kritiker:in, genannt. Doch aus Lese- und Schreibflow-Gründen bleiben wir beim Kritiker. Wenn wir das Gefühl haben, dass wir unseren eigenen Erwartungen nicht gerecht werden oder denen unserer Mitmenschen, immer dann meldet sich der innere Kritiker in unserem Kopf in Form von Gedanken. Dabei ist es nicht ganz einfach, dem inneren Kritiker konstruktiv zu begegnen, denn meistens stellt dieser so hoch gegriffene und unrealistische Erwartungen an uns, dass wir diese sowieso nicht erfüllen können. Der innere Kritiker ist Experte darin, Schuld zuzuweisen, zu vergleichen, sich auf negative Dinge zu fokussieren und auf Mängel hinzuweisen. Das Gefährliche: Oft denken wir, dass unsere vom inneren Kritiker getriggerten Gedanken die Wahrheit sind. Wozu das führt: zu Schuldgefühlen, Vorwürfen und ausgiebigem Grübeln. Hinter dem inneren Kritiker stecken meist negative Leitsätze wie zum Beispiel: „Du bist nicht liebenswert!“, „Pass dich an, wenn du gemocht werden willst!“, „Wenn du die Nachricht liest und nicht direkt antwortest, dann bist du toxisch und kein:e gute:r Freund:in!" oder „Deine Ansichten und deine Meinung sind nicht wichtig!". Ständiges Overthinking gibt uns kurzfristig das trügerische Gefühl von Kontrolle. Durch exzessives Grübeln müssen wir nichts fühlen, wir rationalisieren unsere Emotionen, weil wir uns unserer eigenen Gefühlswelt gegenüber machtlos vorkommen. Bloß keine Gefühle zulassen und anfangen, diese zu spüren, lieber weiterdenken!

Auch wenn es zunächst einmal grundsätzlich gut ist, wenn wir uns Gedanken über unser Umfeld machen, sollten wir auch bei unseren eigenen Gedanken klare Grenzen ziehen, da wir unsere Beziehungen ansonsten negativ beeinflussen und sabotieren könnten. Ist es wirklich gut für dich, wenn jede WhatsApp-Nachricht, jeder Instagram-Post und jedes uneindeutige Zeichen stundenlanges Grübeln auslöst? Da ist dieses andauernde Gefühl, dass dir irgendetwas verheimlicht wird, du mithilfe deiner Denkfähigkeiten aber dahinterkommen könntest, was es ist. Du malst dir ständig das Schlimmste aus, verlierst dich in Katastrophengedanken und bist deshalb überall, nur nicht im Moment. Das permanente In-deinem-Kopf-Sein verstärkt deine Ängste und Unsicherheiten jedoch nur. Wir kreieren Probleme, wo eigentlich keine sind.

Obsessives Grübeln und negative innere Leitsätze können eine Folge davon sein, dass wir in ungesunden oder chaotischen Verhältnissen aufgewachsen sind und ständig Gefühle von Ohnmacht und Kontrollverlust erlebt haben. Grübeln kann in diesen Fällen kurzfristig für ein Gefühl von Sicherheit sorgen. Doch wenn wir alles überdenken, dann leben wir nicht mehr im Moment, sondern in unserem Kopf und sind ständig auf Alarmbereitschaft – unserem ganz persönlichen Survival-Mode.

Wir sind aber nicht bloß unsere Gedanken, sondern wir können unsere Gedanken selbst kreieren und beeinflussen. Wie das geht? Versuche deine eigenen toxischen inneren Leitsätze zu identifizieren, indem du dich an Momente zurückerinnerst, in denen du deinen inneren Kritiker wahrgenommen hast. Was sagt er dir? Welche Glaubenssätze stecken dahinter? Wir können unseren inneren Kritiker leiser stellen, wenn wir neue, positive Glaubenssätze entwickeln. Statt: „Ich muss direkt auf Nachrichten antworten, weil ich sonst toxisch und kein:e gute:r Freund:in bin!", eher so was wie: „Ich antworte dann, wenn ich Zeit und Energie dafür habe, weil ich mir Zeit für meine Liebsten nehmen und ihnen das zurückgeben möchte, was sie verdient haben!" Begegne dem inneren Kritiker selbstbewusst, aber liebevoll, und stehe für dich ein! Wir können unsere Zukunft nur bedingt kontrollieren, unsere Reaktion im Hier und Jetzt aber schon.

Wir sind nun fast am Ende unseres Schnelldurchlaufes angelangt. Fehlt nur noch Platz 1, und dieser geht an: *Toxic Positivity*. Falls dich auf dem Weg an die Spitze etwas getriggert hat, dann denk doch einfach nicht so viel darüber nach! Sei nicht traurig, bleib positiv! Glücklich sein ist eine Entscheidung! Kennst du, oder? Wie hat dein Umfeld auf dich reagiert, als du dich das letzte Mal in einer persönlichen Krise befunden hast? Alles wird gut! Und wenn es nicht gut ist, dann ist es nicht das Ende.

Wie fühlt sich das für dich an, wenn du emotional aufgewühlt bist, deine Gefühle mitteilst und solche Aussagen hörst? Erleichtert oder falsch verstanden? Unter Druck gesetzt? Den Glauben daran, immer positiv eingestellt sein zu müssen, egal in welcher Situation man sich auch befindet, bezeichnet man als Toxic Positivity. Das ist deshalb so toxisch, weil uns diese aufgesetzte Positivität und der ständige Optimismus unter Druck setzen und unserem eigenen Gefühlsausdruck im Weg stehen. Natürlich ist eine positive und optimistische Grundhaltung förderlich für unser Wohlbefinden und unsere mentale Gesundheit. Aber nur solange keine negativen Gefühle unterdrückt werden, schließlich müssen wir uns unseren schmerzhaften und unangenehmen Emotionen stellen und diese zulassen. Wenn wir anderen oder andere uns toxisch positiv begegnen, dann kann das langfristig zu Schuld- und Schamgefühlen und der Vermeidung negativer Emotionen führen. Ohne Negativ aber kein Positiv, unangenehme Gefühle gehören zu unserem Leben und Alltag dazu. Wir können besser mit ihnen umgehen, wenn wir jemanden an unserer Seite haben, der uns aktiv zuhört, unsere Gefühle nicht bewertet und auch mal anerkennt, wenn etwas einfach scheiße ist! Wenn wir uns nicht trauen, offen unsere Gedanken oder Gefühle zu teilen, weil wir Angst davor haben, dass wir wieder eine positive Plattitüde zu hören bekommen, die unser eigenes Erleben diskreditiert, dann ist es mit dem gut gemeinten Ratschlag doch irgendwie nach hinten losgegangen.

Wenn wir uns in unserer Kindheit in der Beziehung zu unseren Eltern oder Bezugspersonen, aber auch in anderen Beziehungen als Erwachsene nicht sicher gefühlt haben und nicht unser wahres Selbst, mit allem Positivem und Negativem, sein konnten, dann kann Toxic Positivity unser eigenes Denken und unsere Kommunikation mit anderen beeinträchtigen. Wenn wir nie „schwach" sein durften, weil uns kein Verständnis oder keine Empathie für Krisen oder negative Gefühle entgegengebracht wurde, dann eignen wir uns eine toxisch-positive Haltung an, weil wir selbst nie einen sicheren Raum für vermeintlich „negative" Emotionen hatten. Wir gestehen uns unsere eigenen negativen Gedanken und Gefühle nicht ein, halten Negatives in unserem Umfeld nur schwer aus und reagieren mit realitätsferner Positivität, statt Negatives zu fühlen, zu akzeptieren und dann loszulassen. Toxic Positivity ist also auch eine Form von Traumareaktion und eine toxische Bewältigungsstrategie. Raus

aus diesem Muster kommen wir nur, wenn wir akzeptieren, dass Licht und Schatten zusammengehören und dass wir Negatives zulassen sollten, denn nur so gibt es auch Positives. Und jetzt einmal tief ein- und ausatmen!

Oft denken wir, dass wir gut zu uns selbst und zu anderen sind, wenn wir uns unterordnen und dadurch die Harmonie sicherstellen. Wenn es keine Konflikte gibt und wir uns dazu entscheiden, glücklich zu sein, dann sind wir „gesunde" Menschen und auf dem richtigen Weg. Doch das entspricht so nicht beziehungsweise nur bedingt der Wahrheit. Wir sollten aufhören, uns von der Angst leiten zu lassen; der Angst davor, nicht geliebt oder verlassen zu werden. Es ist wichtig, in Freundschaften und Beziehungen Grenzen zu ziehen und auf die eigenen Bedürfnisse zu achten. Nur dann vermeiden wir, dass wir in unsere persönliche Unzufriedenheit rennen und unser Glück ruinieren. Wir denken Nein, aber sagen Ja. Keine wirklich gute Selbstfürsorge. Unser Selbstwertgefühl, und damit verbunden unser Selbstbewusstsein, kann nur dann steigen, wenn wir lernen, auf uns selbst zu achten, unsere eigenen Bedürfnisse zu spüren und unsere Wünsche zu kommunizieren. So können wir unserem wahren Selbst ein Stück näherkommen und handeln nicht getriggert durch Altlasten. Das klingt für dich wie ein Märchen?

Es war einmal ... Manipulation! – Gaslighting für Anfänger:innen

„Das liegt daran, dass du einfach zu sensibel bist!"
„Ich weiß nicht so genau, wovon du da gerade redest!"
„Du bist wirklich dramatisch, und das denke nicht nur ich, sondern alle!"

„Ich mache mir langsam echt Sorgen um dich!"
„Wieso hörst du eigentlich immer auf die anderen und nie auf mich?"

Hast du eine dieser Aussagen schon einmal gehört? Fühlt sich nicht so gut an, oder? Es kostet schließlich viel Überwindung, wenn wir unseren Liebsten gegenüber offen kommunizieren, was wir denken und fühlen. Wir haben versucht, keine Vorwürfe zu formulieren, in Ich-Botschaften zu sprechen und so liebevoll wie nur möglich zu sein. Und dann müssen wir uns anhören, wir seien zu sensibel. Dabei war das doch eigentlich das Ziel der ganzen Selbstreflexion und Psychoedukation. Eben kein People Pleasing, kein Overthinking und auch kein Oversharing, sondern offene und klare Kommunikation. Man könnte meinen, dass uns da doch eigentlich Verständnis und Empathie entgegengebracht werden würde.

Im Laufe unseres Lebens kommt es aber immer wieder zu Situationen und Gesprächen mit Menschen, die uns zutiefst verunsichern und uns an unserer eigenen Wahrnehmung zweifeln lassen. Das Stichwort lautet *Gaslighting*. Nicht zu verwechseln mit deiner Gasleitung und auch nicht mit deinem Gasverbrauch in der letzten Heizperiode. Ich hoffe du konntest ein bisschen was zurücklegen und warst nicht zu schockiert über den Betrag der Nachzahlung. Bist du mit der Energiepreispauschale zurechtgekommen, oder hast du sie, wie schon den Corona-Bonus, wieder für Affektkäufe ausgegeben? Falls das stimmt, dann solltest du echt mal damit anfangen, dir Gedanken zu machen. Wieso hörst du nie auf mich und immer auf die anderen? Das ist so typisch für dich ... Da wären wir wieder beim Thema Gaslighting.

Bei Gaslighting handelt es sich um eine Form von psychischer Gewalt, bei der die Opfer durch verschiedenste Taktiken, wie zum Beispiel Lügen, Leugnen oder Einschüchterung, so stark manipuliert werden, dass sie damit anfangen, an ihrer eigenen Wahrnehmung und ihrem eigenen Verstand zu zweifeln. Durch psychologische Manipulation werden Opfer so sehr verunsichert, dass sie eine falsche Darstellung der Realität akzeptieren und ihrem eigenen Verstand nicht mehr trauen. Gaslighting, das mit „Gasbeleuchtung" übersetzt werden kann, wurde 2018 von den *Oxford Dictionaries* sogar zu einem der „Wörter des Jahres" gekürt. Vielleicht finden wir Gaslighting nächstes Jahr auch in der Liste der Jugendwörter des Jahres. Das wäre richtig wild/wyld, Digga/Diggah. Richtige Macher bei den *Oxford Dictionaries.* Übrigens bodenlos, wenn dich jemand gaslightet. Slay hingegen, wenn die Bres nicht versuchen, dich zu manipulieren, weil das ist halt voll sus. Wieso aber gerade der Begriff Gaslighting?

Er lässt sich auf Patrick Hamiltons Theaterstück *Gas Light* aus dem Jahr 1938 zurückführen, 1940 wurde das Stück sogar verfilmt. Es handelt von der vermögenden Paula und ihrem Mann Jack. Der hat jedoch keine guten Absichten und schielt auf Paulas Geld. Vordergründig kümmert er sich um sie, da sie scheinbar immer vergesslicher wird und ständig Gegenstände verlegt, was bei ihr zu sehr viel Nervosität führt. Hinter all dem steckt jedoch Jack: Er entwendet Dinge, beschuldigt Paula, diese gestohlen zu haben, und platziert sie heimlich in ihrer Tasche. Doch damit nicht genug: In den Abendstunden behauptet er auszugehen, begibt sich stattdessen aber in die oberste Etage ihres gemeinsamen Hauses. Dort schaltet er das Licht an, was dazu führt, dass die Lichter im Erdgeschoss gedimmt werden. Wenn Paula Jack dann von den veränderten Lichtverhältnissen in den Abendstunden erzählt, entgegnet dieser ihr, dass sie sich das lediglich einbilde. Sie zweifelt immer mehr an ihrer Wahrnehmung und fängt an zu glauben, dass sie den Verstand verliert. Er treibt sie langsam, aber sicher in den Wahnsinn.

Wenn das Gaslighting ist, bedeutet das dann auch, dass wir 2007 von den Medien gegaslightet wurden, als Britney Spears sich eine Glatze rasiert hat und uns deshalb allen eingeredet wurde, dass das ein weiteres Zeichen ihrer Verrücktheit sei? Wie toxic!

Gaslighting ist also eine Form von psychischer Gewalt oder psychischem Missbrauch. Eine Manipulationsstrategie, die nicht nur häufig von unseriöser Klatschpresse angewandt wird, um Auflagen und Klicks zu steigern. Meistens fällt der Begriff im Zusammenhang mit Narzissmus beziehungsweise narzisstischen Persönlichkeiten. Narzissmus – der Begriff wird doch, ähnlich wie toxic, viel zu inflationär benutzt, findest du nicht? Bevor wir uns weiter mit Gaslighting beschäftigen, sollten wir uns ein bisschen intensiver damit auseinandersetzen, was eigentlich hinter dem Begriff Narzissmus steckt, denn dann können wir auch das Gaslighting-Thema besser einordnen. Dazu möchte ich euch eine kurze Geschichte erzählen.

Es war einmal in der griechischen Mythologie ein Junge namens Narziss. Narziss war ein besonders gut aussehender junger Mann, der den Frauen in seiner Umgebung den Kopf verdrehte. Diese standen regelrecht Schlange. Doch das Problem an der ganzen Sache war, dass er weder an schönen noch an reichen Frauen interessiert war. Denn er liebte nur sich selbst. Stell dir das mal vor! Dass du dich selbst so sehr liebst, dass du keinen anderen Menschen auf der Welt lieben kannst. Narziss' Ego und seine Eitelkeit ließen es nicht zu, eine andere Person als ihn selbst zu begehren.

Da war zum Beispiel Echo, die versuchte, ihn mit ihrer schönen Stimme zu verzaubern. Eine so schöne Stimme kann andere aber auch ziemlich triggern. Hera zum Beispiel, Schwester und gleichzeitig Frau von Zeus (nein, ich habe mich nicht vertippt), war ziemlich eifersüchtig auf Echos Stimme und verfluchte sie.

Sie nahm ihr die Stimme und machte, dass Echo nur noch das letzte Wort ihres Gesprächspartners wiederholen konnte. Doch Echo gab alles, um ihren Crush Narziss, den schönsten und attraktivsten Mann weit und breit, von sich zu überzeugen. So ist das doch in der Liebe, oder? Man muss sich nur bemerkbar machen! Sie folgte ihm undercover in den Wald, um ihm ihre tiefsten Gefühle zu offenbaren. Da sie jedoch nicht mehr wirklich sprechen konnte, nutzte Echo ihr Einfühlungsvermögen in die Tiere und die Natur, um diese dazu zu bringen, Narziss über ihre Gefühlswelt und Zuneigung aufzuklären. Aber leider war es kein Match! Narziss reagierte – kein Wunder bei einer solch übersteigerten Selbstbezogenheit – mit Spott. Schließlich konnte er, der Brad Pitt der griechischen Mythologie, sich doch nicht in eine stumme Frau verlieben. Echo reagierte darauf mit Rückzug und Isolation. Sie ging in eine Höhle und verbrachte den Rest ihres Lebens allein, traurig und mit gebrochenem Herzen.

Doch unser griechischer Frauenschwarm hatte die Rechnung ohne Nemesis gemacht, die Gottheit der Rache und der göttlichen Gerechtigkeit. Diese wurde von Echo beauftragt, ihn zu verfluchen, und lasst euch eines gesagt sein: Dieser Fluch hatte es in sich. Fortan konnte Narziss sich nur noch in sein eigenes Spiegelbild verlieben. Die Folge: Er ging eines Tages an einen Fluss, um sich an diesem zu erfrischen. Er sah sein Spiegelbild im Wasser und näherte sich seiner Reflexion immer weiter an, damit er sich und seine Schönheit noch näher betrachten und noch mehr bewundern konnte. Bis er schließlich ins Wasser fiel und ertrank. Gequält von seinem Stolz und seiner Eitelkeit verbringt er seither die restliche Zeit der Unendlichkeit in der Unterwelt. Lange wurde erzählt, dass an besagter Stelle am Fluss eine Blume wuchs, die sich durch ihre besondere Schönheit von den anderen abhob. Eine Blume mit dem Namen Narziss. Das ist die eine Version. Andere Versionen besagen, dass sich Narziss das Leben genommen habe, weil ihm die Reflexion nicht gefiel – damals gab es halt noch keine Insta-Filter. Doch die erste Version hat eine bessere Dramaturgie, oder?

Zurück ins Hier und Jetzt. Wenn Menschen sich, ähnlich wie Narziss, übermäßig selbstbewusst und selbstverliebt präsentieren, Fehler ständig bei den anderen statt bei sich selbst suchen und immer die Aufmerksamkeit aller auf sich ziehen wollen, dann werden sie häufig für Narzisst:innen gehalten. Menschen mit einer narzisstischen Persönlichkeit haben tatsächlich ein übersteigertes Bedürfnis nach Bewunderung, Aufmerksamkeit und Anerkennung. Mit Kritik können sie nicht gut umgehen, und sie wirken auf andere Menschen arrogant und selbstverliebt. Misserfolge können narzisstische Personen nur schwer verkraften, sie werden von ihnen in schwere persönliche Krisen gestürzt. Sie haben große Schwierigkeiten damit, empathisch zu sein und sich in andere Menschen hineinzuversetzen, was sie herablassend wirken lässt. Der Umgang mit Narzisst:innen kann dementsprechend sehr schwierig und herausfordernd sein. Narzissmus hier, Narzissmus da.

„Hüte dich vor ihnen, denn du solltest dich vor toxischen Menschen schützen!“ Solche oder ähnliche Ratschläge sind auf Social Media inzwischen nicht mehr die Ausnahme, sondern die Regel. Dem Thema Narzissmus wurde online in den letzten Jahren neues Leben eingehaucht. Es ist heutzutage genauso relevant wie schon in der griechischen Mythologie. Kein Wunder, unsere Gesellschaft wird doch immer narzisstischer, findest du nicht? Von Nächstenliebe keine Spur mehr, alle kümmern sich nur noch um den eigenen Erfolg und Aufstieg. Zwischenmenschliche Eskalationen, getriggert durch narzisstisches Verhalten, lassen sich nicht mehr nur im *Sommerhaus der Stars*, dem Kampf der Realitystars, beobachten.

Aber ist das tatsächlich so? Wird unsere Gesellschaft immer narzisstischer ohne Aussicht auf Besserung? Eine klare Antwort auf diese Frage gibt es nicht, doch es ist wichtig, dass wir den Unterschied zwischen „Narzissmus“ und einer echten narzisstischen Persönlichkeitsstörung erkennen können. Als Narzissten werden zumeist Personen bezeichnet, die sehr erfolgreich und ehrgeizig sind. Das hat für diese Menschen entsprechend positive Effekte, da ihr Ehrgeiz sie in Führungspositionen katapultieren oder zu Aufgaben mit viel Verantwortung bringen kann. Doch es ist wie mit allen anderen psychischen Belastungen und Auffälligkeiten: Erst wenn es zu Leid und Beeinträchtigung bei sich selbst und anderen führt, sind solche Auffälligkeiten klinisch relevant, also krankhaft beziehungsweise pathologisch. In diesen Fällen wird dann die sogenannte narzisstische Persönlichkeitsstörung diagnostiziert. Solange Menschen also weder sich selbst noch anderen emotional schaden, gibt es auch keine Diagnose zu stellen.

Bisher wurde die narzisstische Persönlichkeit als eigenständige psychische Erkrankung anerkannt und diagnostiziert, doch wie mit so vielen Dingen im Leben ist es nicht so einfach, das Verhalten zu kategorisieren. Der Übergang zwischen auffälligem und pathologischem Verhalten ist fließend. Die klassische Diagnose „narzisstische Persönlichkeitsstörung“ gibt es aus diesem Grund im neu überarbeiteten ICD-11, dem Nachfolger vom ICD-10, dem Diagnosehandbuch der Weltgesundheitsorganisation (WHO), nicht mehr. Zuvor gab es die Unterscheidung zwischen narzisstischer, paranoider oder dissozialer Persönlichkeitsstörung, nun gibt es nur noch die allgemeine Diagnose „Persönlichkeitsstörung“.

Krasser Move vom ICD-11, schließlich handelt es sich dabei um eine Abkehr vom bisherigen Weg der Schulpsychiatrie – gewissermaßen um eine kleine Psychorevolution. Bisher wurde die vorherige Form der narzisstischen Persönlichkeitsstörung bei knapp 0,4 Prozent der Bevölkerung diagnostiziert, Männer erhielten die Diagnose dabei häufiger als Frauen. Klingt zunächst einmal sehr wenig, doch es sollte bedacht werden, dass die Dunkelziffer viel höher ist, da nicht jede Person diagnostiziert wird. Betroffene Personen leiden zudem meistens unter weiteren psychischen Erkrankungen, wie Ängsten, Essstörungen, Suchtproblemen, Depressionen oder somatoformen Störungen, also körperlichen Beschwerden ohne organische Ursache. Im DSM-5, dem Diagnostic and Statistical Manual of Mental Disorders (DSM), dem dominierenden psychiatrischen Klassifikationssystem in den USA, wird die narzisstische Persönlichkeitsstörung jedoch weiterhin ausführlich beschrieben und auf dieser Grundlage diagnostiziert.

Doch unabhängig davon, ob diagnostiziert oder nicht, ob pathologisch oder hochfunktional, Narzisst:innen wirken nach außen hin stark und selbstbewusst. Dabei liegt der Grund für ihr auffälliges Verhalten meistens in einem niedrigen Selbstwertgefühl. Mediziner Leonard Schwarz fasst zusammen, dass sie dieses kompensieren mit Fantasien von unermesslichem Erfolg, enormer Schönheit oder der perfekten Liebesbeziehung. Sie haben ein überhöhtes Gefühl ihrer eigenen Wichtigkeit und glauben, einzigartig zu sein und nur von ebenfalls besonderen Personen verstanden zu werden. Arroganz und Überheblichkeit zeichnen ihr Verhalten aus. Sie erwarten übermäßige Bewunderung von anderen und möchten bevorzugt behandelt werden. Auf ihre Erwartungen sollte im besten Fall direkt eingegangen werden.

Auch wenn es zunächst so scheint, als wären sie wenig empathisch, sind sie doch dazu fähig, sich in andere einzufühlen. Es braucht schließlich ein großes Maß an Empathie, um andere zu manipulieren. Ihr Einfühlungsvermögen setzen sie demnach auf zerstörerische Weise ein, indem sie andere ausnutzen, um ihre eigenen Wünsche und Ziele zu erreichen. Sie empfinden permanenten Neid auf andere oder gehen davon aus, dass andere auf sie neidisch sind. Wenn du jetzt also das nächste Mal online unaufgefordert dazu aufgefordert wirst, dein Umfeld auf Narzisst:innen zu scannen, dann weißt du vielleicht ein bisschen besser, worüber da eigentlich gesprochen wird.

Zurück zu dem, worum es eigentlich geht. Erinnert ihr euch noch an Paula und Jack? Jack, der Paula manipuliert und sie sukzessive in den Wahnsinn treibt, klingt doch nach einem typischen Narzissten. Er verdreht Fakten, spielt ihre Gefühle herunter und widerspricht ihrer Wahrnehmung, damit er an ihr Geld herankommt. Er macht dies alles zu seinem eigenen Vorteil. Richtig, wir waren beim Thema Gaslighting. Gaslighting lässt sich aber nicht nur in Hamiltons Theaterstück finden, sondern häufig auch in unseren echten Beziehungen. Es beginnt meistens mit einer gemeinsamen Vertrauensbasis, also der großen Liebe oder einem echt guten Freund oder einer echt guten Freundin. Umso vertrauter man sich ist, desto größer die Angriffsfläche. Im Laufe der Zeit können sich zunächst gesund erscheinende Beziehungen langsam in das genaue Gegenteil verwandeln. Gaslighting startet meistens mit einer kleinen Lüge hier oder einem abfälligen Kommentar da. Woran können wir aber erkennen, dass wir manipuliert beziehungsweise gegaslightet werden?

Stell dir vor, du begegnest deinem Gegenüber mit einem persönlichen Anliegen, wie Gedanken zu eurer Kommunikation und deinen Gefühlen dazu, denn es kann ja sein, dass dir vor Kurzem der Ton deines Gegenübers in einer bestimmten Situation nicht gepasst hat und du nun darüber sprechen möchtest. Doch statt deine Offenheit zu schätzen und dein Anliegen ernst zu nehmen, gibt er oder sie dir für deine Offenheit ein ungutes Gefühl. Er:sie fängt damit an, sich zu verteidigen, dabei erscheint dir das Ansprechen des Themas berechtigt. „Wieso stellst du mir diese Frage?“ Dein Gegenüber schiebt die komplette Verantwortung auf dich, à la „Frag du dich mal lieber, was dein Problem ist!“. Du berichtest von deinem Eindruck, und er:sie leugnet, dass bestimmte Dinge passiert sind: „Ich kann mich nicht daran erinnern, dass das wirklich so war!“ Die Person verweigert dir die Kommunikation oder bestraft dich mit Liebesentzug. „Ich habe keine Lust darauf, mit dir zu sprechen oder mich mit diesem Thema zu beschäftigen.“ Dein Gegenüber nennt dich sensibel, verrückt oder dramatisch und gibt dir insgesamt ein schlechtes Gefühl: „Krass, dass gerade du das sagst. Das hätte ich gerade von dir nicht gedacht.“

Welche Folgen die ständigen Manipulationstaktiken wie Einschüchterungen oder das durchgehende Kritisieren des Aussehens oder Handelns haben können? Betroffene Personen sind langfristig zutiefst verunsichert, sie beginnen, an der eigenen Wahrnehmung zu zweifeln, oder entwickeln ein sehr geringes Selbstwertgefühl. Es kommt zu Verwirrung, emotionaler Erschöpfung, geminderter Lebensfreude, schweren Depressionen, immer mehr Ängsten und im schlimmsten Fall sogar zu Selbstmordgedanken oder einem Suizid(-versuch).

Aber dir würde ja so was niemals passieren! Oder bist du etwa schon mal zum Opfer von Gaslighting geworden? Wenn wir uns in einer solchen Situation wiederfinden, dann spricht das nicht dafür, dass wir schwach oder naiv sind. Gaslighting kennt kein Alter, Bildungsstand oder Selbstwertgefühl – es kann jede:n von uns treffen. Kinder werden gegaslightet, um sie hörig zu machen oder ihnen das Gefühl zu geben, sie wären anstrengend oder wertlos und hätten deshalb keine Liebe verdient. Auch im Job, in

Freundschaften oder auf dem Schulhof kann Gaslighting im Zusammenhang mit Mobbing auftreten.

Daher ist es besonders wichtig, dass wir uns dafür sensibilisieren, wann wir potenziell gegaslightet werden. Wenn du dich beispielsweise immer für alles entschuldigst, aber nicht so genau weißt, was du eigentlich falsch gemacht haben könntest. Hinweis! Du wirst in einem Moment mit Liebe und Zuneigung überschüttet, im anderen Moment werden sie dir wieder entzogen. Als hättest du es nicht anders verdient. Wenn deine Gefühle immer runtergespielt werden, egal wie sachlich du sie auch äußerst, dann Obacht! Wenn du dir mal wieder jedes Wort zweimal überlegst, bevor du es aussprichst, weil du Angst davor hast, missverstanden zu werden, und die Konsequenzen fürchtest. Klingt fast so, als wurdest du schon mal gegaslightet. Du fängst damit an, alles zu hinterfragen, was du denkst oder fühlst, und empfindest dich selbst als verwirrt, wertlos und nicht liebenswert. Obwohl du weißt, dass das Verhalten deines Gegenübers toxisch ist, findest du immer wieder Ausreden für es. Der Kontakt zu deiner Familie oder deinen Freund:innen wird immer seltener, und du fängst zunehmend damit an, dich zurückzuziehen und zu isolieren. Oder wurdest du isoliert? Wenn du dich niemandem anvertrauen kannst und dich niemand bestärkt, könntest du nämlich auch manipuliert werden. So entstehen häufig Abhängigkeitsverhältnisse zwischen manipulierter und manipulierender Person.

Das Ziel beim Gaslighting ist ganz klar, die Kontrolle zu gewinnen über die gegaslightete Person. Die Betroffenen werden durch die immer ausgeprägteren Selbstzweifel abhängig von der Aufmerksamkeit und Zuneigung ihrer Gaslighter:innen. Doch nicht immer wirst du absichtlich manipuliert. Viele Personen sind sehr manipulativ, ohne sich darüber überhaupt bewusst zu sein. Hinter der Fassade stecken oft ein geringes Selbstwertgefühl und extreme Verlustängste. Sie kompensieren ihre Probleme, Unsicherheiten und Selbstzweifel, indem sie anderen Personen Probleme unterstellen, sie verunsichern und an sich selbst zweifeln lassen. Sie manipulieren, weil sie im Laufe ihres Lebens vielleicht selbst häufig manipuliert wurden und ihnen die Folge dessen, nämlich die eigene Manipulationstaktik, nicht bewusst ist.

Trotz allem sollten wir uns ein Vorbild an der WHO nehmen und in unserem Alltag nicht jedes emotional aufgeheizte oder schwierige Gespräch direkt kategorisieren und in die Gaslighting- oder Narzissmus-Ecke stecken. Sätze wie „Du bist gerade sehr sensibel!" oder „Ich kann mich nicht erinnern, dass du das gesagt hast!" gehören zu unserem Beziehungsalltag nun einmal dazu. Streit kann auch in einer gesunden und intakten Beziehung immer mal wieder vorkommen, und verletzende Aussagen sind nicht immer gleich Gaslighting. Der Unterschied zwischen einem Partner, der im Streit wenig konstruktive Dinge sagt, und einem, der tatsächlich missbräuchlich ist: Beim Gaslighting werden Betroffene mithilfe von Du-Botschaften gezielt darauf konditioniert, also auf eine bestimmte Denkweise eingestellt, zu denken, dass der Missbrauch an ihnen liegt. In gesunden Beziehungen sind beide Partner:innen sich darüber bewusst, dass die eigene Perspektive subjektiv ist. Sie können offen miteinander über die eigenen Gefühle sprechen und sich gegenseitig zuhören. Die Kommunikation ist geprägt von Ich-Botschaften. Wir können und dürfen so sein, wie wir wirklich sind, es ist ein Geben und Nehmen.

Doch wie können wir uns vor Manipulation und Gaslighting schützen? Wir sollten damit anfangen, wieder auf unser Bauchgefühl zu hören. Wenn wir etwas fühlen, dann ist das echt und hat seine Berechtigung. Lass dir nicht einreden, dass du zu sensibel oder zu dramatisch seist. Nur du weißt, wie du dich fühlst, und niemand sollte dir deine Gefühle kleinreden. Versuche, in deiner eigenen Realität zu bleiben, indem du deine Gedanken, Gefühle und Wahrnehmung aufschreibst oder mit deinen Liebsten über sie sprichst. So hast du beim nächsten Mal, wenn Zweifel aufkommen, etwas, auf das du dich beziehen kannst. Vernachlässige deine familiären und freundschaftlichen Beziehungen nicht und treffe deine Freund:innen und Familie auch weiterhin mal ohne deinen Partner oder deine Partnerin. Falls das nicht ausreichen sollte, kann es auch sehr hilfreich sein, dass wir uns professionelle Hilfe suchen, zum Beispiel im Rahmen einer Therapie oder eines Coachings. Und wenn das alles nichts hilft und du dich nicht von einer missbräuchlichen Person abgrenzen kannst, dann kann das Bewusstsein darüber helfen, dass Liebe manchmal einfach nicht ausreicht und die beste Lösung die Trennung sein kann. Wäre da bloß nicht diese Einsamkeit ...

(Gemeinsam) einsam – Nachricht von der FOMO

Einsamkeit, dieses einnehmende und unangenehme Gefühl – wir kennen sie alle. Ich meine, nicht umsonst war die Aussage „my loneliness is killing me", übersetzt „meine Einsamkeit bringt mich um", 1998 der Startschuss in eine neue Ära der Popkultur. Mehrere Millionen verkaufte Tonträger weltweit! Und damals gab es nicht einmal Smartphones oder soziale Medien, die unsere Gefühle von Einsamkeit fast durchgängig triggerten. Wie viele Songs es über die Einsamkeit gibt! Akon sang: „Lonely (so lonely)/I'm Mr. Lonely (Mr. Lonely)/I have nobody (I have nobody)/for my own (to call my own girl)/I'm so lonely (so lonely)!", und katapultierte sich damit bis an die Spitze der deutschen Single-Charts. „Wir sind allein./ Allein, allein. Allein, allein." Polarkreis 18, erinnert ihr euch? Auch die besangen dieses Gefühl und landeten einen Hit. An der Spitze wird es vielleicht einfach einsam. Einsamkeit als Hit-Garant.

Aber Einsamkeit ist nicht immer gleich Einsamkeit. Wir können uns nicht nur dann einsam fühlen, wenn wir allein sind, sondern auch, wenn wir uns in Gesellschaft von anderen Menschen befinden. Unsere Einsamkeit kann auch von unserem Smartphone ausgelöst oder verstärkt werden, wenn wir es in die Hand nehmen und sehen, was die anderen so machen. Um Einsamkeit und die durch sie ausgelösten Gefühle besser zu verstehen, sollten wir sie einmal richtig aufdröseln.

Laut dem US-Soziologen Robert S. Weiss können wir drei Formen von Einsamkeit unterscheiden. Zunächst einmal die emotionale Einsamkeit, auch die intime Einsamkeit genannt. Diese bezieht sich auf einen wahrgenommenen Mangel an Gefühlen von tiefer Verbundenheit in Beziehungen. Beziehungen werden als nicht innig oder eng genug empfunden, also in gewisser Weise ist man in diesen Fällen gemeinsam einsam. Dann gibt es noch die soziale Einsamkeit, auch die relationale Einsamkeit genannt. Diese bezieht sich auf einen wahrgenommenen Mangel an Freundschaften und anderen persönlichen Beziehungen. Die dritte Form ist die kollektive Einsamkeit. Diese bezieht sich auf einen wahrgenommenen Mangel an Gefühlen von Verbundenheit oder Zugehörigkeit zu einer größeren Gemeinschaft oder zur Gesellschaft im Allgemeinen. Es treten jedoch selten alle drei Formen der Einsamkeit gleichzeitig auf.

An dieser Stelle ist es wichtig zu erwähnen, dass Einsamkeit, egal ob allein oder gemeinsam, ein subjektives Gefühl ist. Doch es gibt in der Psychologie einen Unterschied zwischen subjektiv und objektiv empfundener Einsamkeit. Subjektive Einsamkeit kann sowohl auftreten, wenn wir physisch allein sind, ohne Kontakt zu anderen Menschen, als auch dann, wenn wir uns in Beziehungen und Kontakt zu anderen Menschen befinden, uns in diesen jedoch Intimität und Tiefe fehlen. Bei objektiver Einsamkeit handelt es sich um tatsächliche soziale Isolation. Soziale Isolation beschreibt einen Mangel an Sozialkontakten, wie Freunden und Familie, und einen Mangel an Zugehörigkeit und Teilhabe. Auch als junge Menschen können wir sozial isoliert sein, allerdings betrifft das eher Menschen im höheren Lebensalter.

Das mit der Einsamkeit kann ziemlich verwirrend sein. Wann fühlen wir uns eigentlich einsam, und was ist der Unterschied zwischen Einsamkeit und Alleinsein? Gefühle von Einsamkeit treten meist dann auf, wenn wir allein sind, wir uns diesen Zustand aber nicht selbst ausgesucht haben. Willst du nicht auch immer das haben, was du gerade nicht haben kannst? Wenn wir anderen absagen, um einen Abend allein zu verbringen, dann fühlt sich das für uns nicht weiter schlecht an. Wenn wir aber abgelehnt werden und niemand für uns Zeit hat, dann kann ein Abend allein uns ziemlich triggern. Einsamkeit ist also ein emotionales Defizit, weil wir das negative Gefühl haben, dass uns etwas fehlt. Von Expert:innen wird Einsamkeit deshalb auch als „sozialer Schmerz" bezeichnet.

Doch verfalle jetzt nicht direkt in Panik! Wenn du dich öfter mal einsam oder allein fühlst, dann solltest du nicht sofort online nach Diagnosen googeln oder dich unverzüglich auf diverse Wartelisten für eine psychologische Psychotherapie setzen lassen. Dafür bräuchtest du ohnehin sehr viel Geduld, du müsstest schließlich monatelang darauf warten, einen Platz zu bekommen. Krankenkassen, Kassenärztliche Vereinigungen, Gemeinsamer Bundesausschuss – was dauert da so lange? 2400 Kassensitze für Psychotherapie bräuchte es bundesweit zusätzlich, um die Lücke zwischen Bedarf und Angebot zu schließen, so ein diesbezüglich beauftragtes Gutachten. Bisher wurden jedoch nur rund 800 davon geschaffen. Da können wir echt froh sein, dass wir dank des Internets bei aufkommenden Gefühlen von Einsamkeit einfach durch die komplette Single-Landschaft der Welt swipen können. Als Single fühlt man sich nämlich öfter einsam als in einer Beziehung. Doch wenn unsere Dates und Matches unser Bedürfnis nach Intimität, Nähe und Austausch nicht erfüllen können, klopft die Einsamkeit schneller wieder an, als es uns lieb ist.

Wo wir gerade bei Einsamkeit und sozialer Isolation sind – Achtung, die folgenden Begriffe könnten längst verdrängte Erinnerungen wieder hervorrufen: Social Distancing, #stayathome, Lockdown, Lockdown light, Lockerungen, harter Lockdown, Kontaktbeschränkungen, Ausgangssperre. Stimmt, da war ja was! Es ist Sonntag, der 22. März 2020:

> Hier ist das Erste Deutsche Fernsehen mit der
> *Tagesschau*. Heute im Studio: Jan Hofer.
> Guten Abend, meine Damen und Herren.
> Ich begrüße sie zur *Tagesschau*.
> Bund und Länder haben sich auf weitreichende Maßnahmen geeinigt, um die Ausbreitung des Corona-Virus einzudämmen. Eine bundesweite Ausgangssperre soll es nicht geben, doch künftig gilt ein äußerst striktes Kontaktverbot. Demnach dürfen sich nur noch zwei Menschen gemeinsam in der Öffentlichkeit aufhalten, teilte Kanzlerin Merkel mit.

Erstaunlich, was sich in so kurzer Zeit alles ändern kann, findest du nicht? Wenn wir damals geahnt hätten, dass auf zunächst zwei Wochen Homeoffice und Homeschooling eine politische und gesundheitliche Odyssee folgen würden. Die Ausgangssperre kam, Querdenker:innen haben sich gefunden und Jan Hofer verabschiedete sich bei der ARD in die Rente. Und das nur, um kurze Zeit später bei RTL auf dem Tanzparkett medial wiederaufzuerstehen und seinen Hüftschwung zu präsentieren. Muss schließlich nicht einfach für ihn gewesen sein, jahrzehntelang hinter dieses Nachrichtenpult gefesselt zu sein. Wenigstens ist an dieser Stelle auf Susanne Daubner Verlass!

Wir wurden alle dazu aufgefordert, uns zu isolieren und unsere sozialen Kontakte auf ein Minimum zu beschränken. Der Lockdown als perfekter Nährboden für Einsamkeit. Besonders belastend für Kinder, Jugendliche, ältere Menschen und Personen, die sowieso schon unter ihrer Einsamkeit leiden. Schließlich sind wir Menschen soziale Wesen und auf realen, zwischenmenschlichen Austausch angewiesen.

Schon in der Jungsteinzeit haben sich Menschen in kleinen Verbänden und Gemeinschaften entwickelt. Gemeinschaft war und ist für uns überlebenswichtig. Evolutionär gesehen sind wir keine Einzelgänger:innen, sondern brauchen Kontakte zu anderen Menschen, ansonsten fühlen wir uns schnell einsam, ängstlich und depressiv. Einsamkeit, der soziale Schmerz. Ein negatives Gefühl, hinter dem mal wieder Angst steckt. Wir haben Angst davor, verletzt oder abgewiesen zu werden, weil Einsamkeit sich für uns so bedrohlich und schmerzhaft anfühlen kann. Diese konkrete Angst ist aber nicht konstruktiv, sie birgt eher die Gefahr, dass wir uns langfristig noch einsamer fühlen. Wir trauen uns dann nicht, auf andere zuzugehen, was jedoch notwendig ist, um intime Beziehungen zu schaffen, die einem das Gefühl von Verbundenheit geben. Ein Teufelskreis der Einsamkeit.

Alleinsein bedeutet aber nicht immer gleich, einsam zu sein, wenn wir uns beispielsweise bewusst Zeit für uns nehmen. Das ist sogar notwendig, denn wir müssen uns in unserem Alltag zwischendurch auch zurückziehen, um unsere Energiereserven wieder zu füllen. Außerdem gibt es bei der Einsamkeit für jede:n von uns unterschiedliche Schmerzgrenzen, sie ist schließlich subjektiv, jede:r von uns hat andere Bedürfnisse. Viele Personen verbringen gerne ausgiebig Zeit allein und fühlen sich dabei nicht einsam. Es gibt introvertierte und extrovertierte Menschen. Introversion beschreibt dabei die Fokussierung der mentalen Energie auf das Innere, Extraversion hingegen beschreibt die Fokussierung der mentalen Energie auf das Äußere. Das Bedürfnis nach Gesellschaft, sozialer Interaktion und sozialen Kontakten unterscheidet sich bei introvertierten und extrovertierten Menschen demnach sehr. Eher introvertierte Personen brauchen nicht so viele Personen um sich herum, um sich wohlzufühlen. Alleinsein bedeutet dementsprechend nicht für jede:n gleich daraus resultierende Einsamkeit.

Ich muss meine anfangs getätigte Aussage übrigens noch einmal korrigieren. Also dass die Worte „my loneliness is killing me" des 1998 erschienenen Evergreens *Baby One More Time* der Startschuss in eine neue Ära waren. Das war eine Untertreibung. Diese fünf Worte haben sogar wissenschaftliche Implikationen! Wir sollten Gefühle von Einsamkeit ernst nehmen, denn sie haben nicht nur Einfluss auf unsere seelische, sondern auch auf unsere körperliche Gesundheit. Wenn wir mit unserem sozialen Leben und unseren Beziehungen chronisch unzufrieden sind, dann ist das Stresssystem in unserem Körper permanent aktiviert. Langzeitstudien haben gezeigt, dass Einsamkeit einen Risikofaktor für erhöhte Morbidität und Mortalität darstellt. Es kann zu chronischen Erkrankungen und schlechteren medizinischen Prognosen kommen, etwa Herz-Kreislauf-Erkrankungen, also Schlaganfällen oder Herzinfarkten, und einem allgemein geschwächten Immunsystem. Dieser Einfluss lässt sich auch in unserem Blut nachweisen. Sogenannte Entzündungsmarker treten bei Untersuchungen einsamer Menschen häufiger auf als bei Menschen, die sich selten einsam fühlen. Doch auch unabhängig von den durch Stress ausgelösten körperlichen Reaktionen besteht allgemein die Tendenz zu einem ungesünderen Leben. Einsame Menschen bewegen sich nicht so häufig, neigen zu Übergewicht und konsumieren mehr Alkohol, Tabak oder andere Drogen. Psychisch führt das Fehlen an wertschätzenden und positiv anregenden zwischenmenschlichen Erfahrungen zu Ängsten, Anpassungsstörungen, kognitiven Beeinträchtigungen wie zum Beispiel Demenz, depressiven Verstimmungen und leider auch zu gesteigerten Suizidgedanken. Menschen, die chronisch einsam sind, sterben früher.

Bei aufkommenden Gefühlen von Einsamkeit bitte hier klicken! Wenn wir uns nicht gut oder eben einsam fühlen, dann kann Ablenkung uns guttun und auf andere Gedanken bringen. Netflix an, Kopf aus. Nichts denken, nichts fühlen, einfach abschalten. Alleinsein ist nicht gleich Einsamkeit und kann doch ab und an ganz schön sein! Ist doch gemütlich auf der Couch an so einem grauen Tag, wieso sollte man sich dafür denn schlecht fühlen? Was gucke ich denn heute? *You*, *Sei lieb, bete und gehorche!*, *Call Me By Your Name*, *Too Hot To Handle*, *Du wirst mich lieben. The End Of The F***ing World*, *Stranger Things*, *Verändere dein Bewusstsein*, *Élite*. *Was bringt die Zukunft für ...: The Kardashians!* Oh, einen Moment bitte, ich bin sofort wieder zurück. Ich habe gerade eine Benachrichtigung auf meinem Handy aufleuchten sehen, kann mich sowieso nicht wirklich auf die Kardashians konzentrieren. Findet ihr nicht auch, dass Netflix inzwischen viel zu teuer geworden ist? Da kann unser Smartphone uns doch viel besser unterhalten. Was geht denn so auf Insta? Dieser Blick auf meinen *Black Mirror*. Oh, was sehen wir denn da? *Das Leben der Anderen.*

Eigentlich waren wir bis gerade eben mit unserem Abend zu Hause noch zufrieden, doch plötzlich kippt die Stimmung. Beiträge auf Social Media können für viele von uns sehr triggernd sein und uns auf eine emotionale Achterbahnfahrt schicken. Ich sitze hier allein zu Haus, und die anderen sind unterwegs: „no sleep, bus, club, 'nother club, 'nother club, plane, next place, no sleep." Neues Update von @berghainlinelive: „Line past späti but moving fast, GL queue appx. 15-20min." Bis gerade eben war mir gar nicht bewusst, was ich so alles verpasse. Vorbei sind die Zeiten von yolo, rofl, hdgdl, oder xD, lol. Begrüßt mit mir gemeinsam in der Familie der digitalen Abkürzungen und Zeichenfolgen: FOMO.

Noch nichts davon gehört? FOMO gibt dem soeben beschriebenen Gefühl einen Namen, denn es steht für Fear Of Missing Out, also die Angst, etwas zu verpassen. Meistens hervorgerufen durch Beiträge auf Social Media. Einsamkeit und FOMO haben also mindestens eine Sache gemeinsam, nämlich Angst.

Wenn wir Angst haben, etwas zu verpassen, dann bezieht sich das in den meisten Fällen auf das echte Leben und reale soziale Beziehungen, es kann sich aber auch darauf beziehen, dass wir Angst und Sorge davor haben, nicht mitzubekommen, was im Internet, besonders in den sozialen Medien, gerade so passiert. Wie viele Likes hat mein Bild inzwischen eigentlich? Wie viele Views hat mein Reel so? Ist es schon viral gegangen? Was? Du hast immer noch keine Antwort bekommen?

Wer viel im digitalen Raum unterwegs ist und sich auf sozialen Medien tummelt, wird dieses Gefühl kennen. Ein hoher Risikofaktor für FOMO ist demnach eine hohe Affinität zu sozialen Medien und eine starke Nutzung von Smartphones. Unsichere und insgesamt eher unzufriedene Personen können stärker von FOMO betroffen sein als selbstsichere und eher zufriedene Personen. FOMO kennt dabei kein Alter, schließlich wird Facebook inzwischen doch sowieso nur noch von Boomern genutzt. Cringe, so 2013!

Der Begriff FOMO ist zum ersten Mal aufgetaucht im Rahmen eines Artikels für die Campuszeitung der Harvard Business School im Jahr 2004, einer Zeit, in der Facebook der neueste Schrei war. Das BeReal der 2000er. Dank sozialer Medien ist es heutzutage einfacher als je zuvor, ständig Einblick in das Leben anderer Menschen zu erhalten. Instagram-Stories, WhatsApp-Stories, Reels, BeReals, TikToks, Shorts und Snaps. Millionen Menschen auf der ganzen Welt lassen uns 24/7 in ihren Alltag schauen. Kein Wunder, dass übermäßiger Konsum dazu führen kann, dass bei uns das Gefühl ausgelöst wird, dass uns etwas fehlt beziehungsweise dass wir etwas verpassen. Wir fühlen uns ständig unter Druck gesetzt, soziale Medien zu checken, um zu wissen, was gerade alles passiert, und zumindest so ein Teil vom großen Ganzen zu sein.

Doch FOMO steht nicht nur für die Angst, etwas zu verpassen, sondern auch für die Ungewissheit. Wartet nach dem nächsten Klick vielleicht eine bessere Option auf mich? Wieso haben eigentlich alle anderen ein so viel spannenderes Leben als ich? Selbst wenn wir mit anderen zusammen sind, können wir FOMO verspüren. Wieso habe ich mich dazu entschieden, hier mitzugehen? Bei den anderen sieht es viel lustiger und spannender aus!

Wir sind unzufrieden mit unserer Entscheidung, weil wir uns sorgen, unsere Zeit mit der falschen Person oder am falschen Ort zu verbringen. Stichwort: Angst: Angst davor, falsche Entscheidungen zu treffen, Freizeit-FOMO, Liebes-FOMO, Job-FOMO, Uni-FOMO: Die Möglichkeiten scheinen unbegrenzt.

Schließlich liegen sie in unserer Hand! Die Zukunft ist doch online, da sollten wir uns nichts vormachen.

Die ständige Sorge, dass etwas Besseres auf uns warten könnte, lässt nicht zu, im Hier und Jetzt dankbar und präsent zu sein. Doch genauso wenig, wie wir das Internet oder soziale Medien aus unserem Leben verbannen können, genauso wenig können wir FOMO verhindern. Es handelt sich um ein normales, menschliches Gefühl und sollte nicht zu Panik führen. Wenn wir die Verantwortung für unsere Gefühle externalisieren, also nach außen verlagern, und einzig dem Internet und Smartphones die Schuld für unsere schlechte Laune geben, dann machen wir es uns vielleicht ein bisschen zu einfach. Wir können schließlich eine aktive Rolle in unserem Leben einnehmen und gestalten, wie wir uns fühlen. Außerdem kann das Internet uns ebenfalls dabei helfen, unser Zugehörigkeitsgefühl zu stärken – zum Beispiel durch Chats mit unseren Liebsten – und damit positive Gefühle in uns auslösen. Erst wenn wir diese Medien auf eine Art und Weise nutzen, die uns schadet, sie also missbrauchen, können negative Konsequenzen folgen. Wenn wir aufgrund unserer FOMO gesundheitliche, berufliche oder soziale Probleme entwickeln und es in unserem Erleben und Verhalten zu Veränderungen kommt, wir Einschränkungen erleben, könnte eine FOMO klinisch relevant werden. Die Folgen können Ängste, Depressionen, Suchtproblematiken oder andere seelische Leiden sein. Trotzdem ist sie bisher keine anerkannte eigenständige psychische Erkrankung.

Doch können wir die aufkommende Angst, etwas zu verpassen, frühzeitig erkennen und unsere Energie in andere Bahnen lenken? Es deutet auf ausgeprägte FOMO hin, wenn du ständig deine Social-Media-Feeds und -Nachrichten checken musst. Allgemein fällt es dir schwer, dich auf andere Aufgaben und Tätigkeiten zu konzentrieren, weil du ständig durch das Smartphone abgelenkt bist. Selbst wenn du unterwegs bist und schöne Dinge erlebst, genießt du nicht den Moment, sondern überlegst ständig, was du noch posten könntest. Egal wo du bist, egal wer an deiner Seite ist, du bist immer online. Du fühlst dich nach deinem Social-Media-Konsum einsam, obwohl du eigentlich allein sein wolltest, vergleichst dich mit anderen und hast das Gefühl, dass dein Leben minderwertig ist. Bist du mal nicht online, dann wirst du nervös und unruhig.

Ähnlich wie bei der Einsamkeit gilt auch für FOMO: Wer insgesamt eher unzufrieden mit der eigenen Lebenssituation ist, leidet stärker unter ihr als Personen, die eher zufrieden sind. Aus Angst, etwas zu verpassen, aktualisieren wir unseren Feed wieder und wieder und wieder, scrollen in die Unendlichkeit unserer Algorithmen, um uns anderen näher zu fühlen, doch wir fühlen uns am Ende nur noch schlechter als vorher – Angst, Stress und Unruhe als ständige Begleiter.

Die Folgen für unsere Gesundheit sind nicht zu unterschätzen. Es kommt nicht nur zu Konzentrationsschwierigkeiten, Müdigkeit und Schlafproblemen, sondern auch zu einem hohen Stressempfinden, Ängsten, Selbstzweifeln und depressiven Verstimmungen. Wir empfinden Traurigkeit und Neid, wenn wir anderen beim Leben zusehen. In unseren Beziehungen kann das dazu führen, dass wir nicht mehr zufrieden sind mit dem, was wir haben, weil wir denken, dass etwas Besseres auf uns warten könnte. Wir sollten uns jedoch nicht zu sehr davon beeinflussen lassen, was wir online sehen oder hören, sondern versuchen, unsere Zeit online zu genießen und bewusst zu gestalten.

Um der FOMO zu entkommen, sollten wir uns bewusst machen, dass soziale Medien zwar positive, aber auch viele negative Gedanken und Gefühle verursachen können. Zeitliche Limits für Apps und konsequente Online- beziehungsweise Offlinezeiten können helfen. Wenn wir regelmäßig unsere Bildschirmzeit kontrollieren, insbesondere in Hinblick auf soziale Medien, können wir unseren Konsum besser regulieren. Oder wir verzichten für einen begrenzten Zeitraum komplett auf soziale Medien, das nennt sich *Digital Detox!* Wir sollten uns daran erinnern, dass unser Leben so, wie es ist, gut ist. Es gibt keine Regeln dafür, wie oft wir ausgehen müssen oder wie wir unsere Wochenenden freizeitlich gestalten. Wir sollten uns Zeit für uns selbst nehmen, um unsere eigenen Bedürfnisse zu erkennen und uns auf diese zu konzentrieren. Wir sollten uns von sozialem Schmerz, aber auch sozialem Stress abgrenzen können. Dabei kann es helfen, wenn wir uns vor Augen führen, was wir schon alles erlebt und erreicht haben. Dankbarkeit, eine mögliche Lösung des Problems.

Wenn wir wissen, was FOMO ist, was genau sie triggern kann und was dahintersteckt, dann fällt es uns auch leichter, uns davon abzugrenzen. Statt FOMO könnten wir dann vielleicht ein ganz neues Gefühl in uns verspüren, nämlich JOMO – Joy Of Missing Out. Die Freude, etwas zu verpassen. Wir müssen lernen, allein zu sein und Ruhe auszuhalten, da dies ansonsten nicht nur negative Konsequenzen auf unsere psychische und körperliche Gesundheit, sondern auch auf unsere zwischenmenschlichen Beziehungen haben kann. Wenn jemand nicht in der Lage ist, Zeit allein zu verbringen, und sich immer verloren fühlt, wenn niemand in der Nähe ist oder er oder sie sich gerade nicht in einer Beziehung befindet, dann ist diese Person nicht gut mit sich selbst verbunden. Wenn jemand keine Zeit allein verbringen kann, dann nutzt dieser Jemand die Anwesenheit anderer, um sich nicht mit den eigenen Problemen auseinanderzusetzen. Das macht die gemeinsame Zeit instabil und führt zu Beziehungen, die auf Flucht und Vermeidung der eigenen Probleme und Gefühle basieren. Die letzten und wirklich relevantesten Worte zu diesem Thema? „Stronger than yesterday/Now it's nothing but my way/My loneliness ain't killing me no more!“ Einsamkeit kann sich häufig zwar unangenehm anfühlen, doch macht uns letztendlich nur stärker und resilienter!

Kurzes Zwischenfazit: Wir sind so komplex! Wir haben bestimmte Strategien erlernt, um die Welt besser zu verstehen, Schablonen, die uns das erklären, was wir nicht direkt deuten können. Wenn wir anfangen, uns selbst zu reflektieren, dann können wir vielleicht auch andere besser verstehen. Allein das ist ja schon eine große Aufgabe, sich selbst kennenlernen und von alten Gewohnheiten lösen, die uns mal dienten, von denen wir uns aber ruhig verabschieden können. Uns über Ängste und eigene Wünsche und Bedürfnisse bewusst werden. Ja, das ist zwar eine große Aufgabe, aber das könnten wir irgendwie noch hinbekommen. Doch dabei bleibt es nicht. Es gibt außerhalb von uns noch so viele Dinge, die wir nicht kontrollieren können – denken wir zumindest. Dinge, bei denen es zunächst so erscheint, als wären sie nun mal da und als könnten wir nichts an ihnen ändern. Da draußen ist noch so viel, das passiert. So vieles, was auf uns und unsere Beziehung wirkt. Wie sollen wir das denn bitte alles unter einen Hut bekommen? Können wir nicht einfach dahin zurück, wo wir noch nicht so viel nachgedacht haben? Wieso kann es nicht mehr so sein, wie es einmal war?

TEIL 3

GUCK MAL RAUS! GEHT DIE WELT UNTER?

Zuletzt online? Jetzt!

Früher war alles besser! Dieser Spruch wird uns allen bekannt vorkommen. Sich an vergangene Zeiten zurückerinnern und in ihnen schwelgen – Nostalgie nennt man das. Damals, als Thomas Gottschalk am Samstagabend noch mehr als zehn Millionen Menschen dazu bringen konnte, sich vor ihren Bildschirmen zu versammeln. Einfach richtiges Lagerfeuerfeeling! *Wetten, dass* es so was heutzutage gar nicht mehr gibt? Damals war eben alles besser. Aber war es das wirklich, oder romantisieren Menschen das, was sie in ihren Erinnerungen so ausgraben? Blicken wir doch mal ein paar Jahrzehnte zurück. Zurück auf eine Zeit, in der niemand von uns technische Wunderwaffen in den Hosentaschen mit sich herumtrug.

Das, was für uns heute Smartphone, Tablet, Laptop, PC oder Smartwatch sind, waren früher TV, Radio und Print. Unser Medienkonsum hat sich durch die digitalen Entwicklungen und technischen Fortschritte der letzten Jahrzehnte stark verändert und ist nicht mehr vergleichbar mit dem der Menschen aus der „guten, alten Zeit“. Das liegt nicht nur an der Masse an Medien, sondern auch an den ständigen Bildern, Nachrichten und Meldungen, die uns in allen Farben des Spektrums auf unseren

Bildschirmen entgegenleuchten und denen wir nicht entkommen können. Außerdem gibt es jetzt sogenannte soziale Medien. Wenn du reizüberflutet bist, kann das nun also auch an dem Bild liegen, das dein Ex-Freund gestern auf Instagram gepostet hat. Hast du das schon gesehen? Nein? Wieso nicht? Wann war er denn zuletzt online? Und er hat dir trotz blauer Haken noch immer nicht geantwortet? Geht gar nicht. Übrigens, diesen Filter, den du letztens benutzt hast, kannte ich noch gar nicht. Du sahst so gut aus! Nein, ich meine nicht „CUTE PRINCESS", ich meine „Just baby". Deine Wangenknochen sahen so markant und deine Nase so klein aus, einfach richtig Babyface! So ein bisschen wie Bella Hadid in ihrer letzten Insta-Story.

Kommt dir das bekannt vor? Willkommen in der Realität! Medien sind jetzt sozial, asozial, alternativ, mainstream, gut, schlecht, in oder out. Wer soll da denn noch mitkommen?

Damals war alles anders! Menschen mussten sich nicht mit Dutzenden Apps rumschlagen, es gab schlichtweg nicht so viele mediale Ausspielkanäle wie heute. Informationen, egal welcher Art, haben Menschen meist über wenige begrenzte Wege erhalten: Fernsehen, Radio, Zeitungen, Zeitschriften, Briefe oder tatsächlich im wahren Leben, von Nachbar:in zu Nachbar:in. Doch alle Informationen, Nachrichten und Bilder liefen zunächst durch den Filter der jeweiligen Unternehmen oder der Menschen, die uns diese Meldungen überbrachten. Vor allem Unternehmen verfolgen dabei meist ein wirtschaftliches Interesse. Noch höhere Auflage, noch höhere Einschaltquoten, noch mehr *Drama, Baby!* Kritische Stimmen und andere Meinungen hatten selbstverständlich auch damals einen Platz im öffentlichen Diskurs und blieben nicht immer ungehört. Trotzdem ging alles durch einen Filter. Die gleichen Nachrichten und Inhalte erreichten die Menschen. Natürlich hatten wir auch damals schon die freie Wahl, ob Tagesthemen oder RTLZWEI-News, aber wenn der Redaktion ein Thema nicht gefällt, es zu langweilig ist oder zu sehr aneckt, dann macht sie vielleicht keinen Beitrag dazu. Davon haben wir aber nichts mitbekommen. Wir konnten uns im Büro, auf dem Schulhof oder beim Abendessen über das austauschen, was wir medial serviert bekommen haben. Die anderen hatten es mit großer Sicherheit ebenfalls mitbekommen.

Auch schlechte Nachrichten gab es schon immer. Aktuell befinden wir uns im Jahrzehnt der Krisen. Seien es politische, klimatische, gesellschaftliche oder gesundheitliche. Greta fragt laut, „How dare you?“, immer neue Pandemien sollen jetzt zum Alltag gehören, und selbst Thomas Gottschalks Entdeckung Heidi Klum kann keine Bilder mehr an ihre Mädels verteilen, ohne dass es in einer medialen Krise ausartet. Heute kriegen wir, egal wo wir sind, mit unserem Smartphone in der Hand, alles mit.

Denken wir mal 50 Jahre zurück, da stand in Deutschland eine Mauer, die Menschen voneinander getrennt hat. Wie hat sich das wohl angefühlt? In den Nachrichten zu sehen oder in der Zeitung zu lesen, dass eine Mauer gebaut wird, die Kinder von ihren Eltern trennt? Sich über das auszutauschen, was über unsere Bildschirme und Lautsprecher verbreitet wird, kann zumindest ein wenig Linderung verschaffen. Wenn es damals bloß schon Smartphones gegeben hätte! Bis der Brief, den ich über meine Gefühle zur neuesten Nachrichtenlage geschrieben habe, überhaupt angekommen ist, sind bereits vier neue Katastrophen ausgebrochen. Heute muss ich ja nur eine Story posten und alle sehen direkt, was mich bewegt, und ich kann mich in Echtzeit dazu austauschen. Statt mich irgendwo hinzubewegen oder einen Brief zu verfassen, doch lieber Direktnachrichten verschicken oder kurz facetimen. Vielleicht war ja früher doch nicht alles besser? Danke, Internet. Schließlich bist du die Grundlage dafür, dass wir heutzutage nicht nur unsere Breaking News live erhalten, egal wo wir sind. Danke dafür, dass ich jetzt chatten, posten, teilen und scrollen kann. Thomas Gottschalk verhält sich manchmal sowieso wie ein problematischer alter, weißer Mann, und die analoge Welt geht doch eh den Bach runter. Wieso also nostalgisch sein? Jetzt ist alles besser!

Das erste Mal, dass ich von digitaler Kommunikation und digitalen Chats gehört habe, ging es um Knuddels. Vor allem heute wird die Online-Community von Jugendschützer:innen, Medien und Eltern stark kritisiert, da sich auf der Plattform eine besonders junge Zielgruppe aufhält, die nicht genug vor Attacken diverser Art, vor allem aber sexueller, geschützt wird. Das konnte ich mit elf Jahren aber alles noch nicht wissen. Für mich war mein Profil auf Knuddels der Beginn einer Reise in eine neue Welt. Ich kann mit meinen Freund:innen sprechen, ohne wirklich mit ihnen zu sprechen? Ich kann neue Leute kennenlernen, ohne überhaupt rauszugehen? Das ist die Zukunft! Auf Knuddels folgten MSN, ICQ, schülerVZ, studiVZ, meinVZ oder mySpace. Portale und Angebote, die heutzutage größtenteils nicht mehr in ihrer alten Form bestehen, irrelevant geworden sind oder eingestellt wurden.

Waren es in den 2000ern also vor allem MSN und Co., welche die Menschen vor die Bildschirme gelockt haben, sind es heute eine Reihe von Apps, Messenger-Diensten, Social-Media- oder Nachrichtenplattformen, über die wir uns informieren, austauschen und unterhalten lassen. Twitter, Reddit, YouTube, Snapchat, Instagram, Facebook. Da sind wir schon im Metaverse, unserer potenziellen neuen Realität. Mark Zuckerberg und Facebook, besser gesagt Meta, wie das Unternehmen inzwischen heißt, sind die Pioniere, was soziale Medien angeht. Und sie haben ein richtiges Monopol! Zu Meta gehören nämlich unter anderem auch Instagram oder der Messenger-Dienst, den viele von uns wahrscheinlich immer noch oder lange Zeit als ihr Hauptkommunikationsmittel genutzt haben: WhatsApp. Es wird auf diesen Plattformen inzwischen nicht mehr nur miteinander geschrieben, sondern es werden auch Bilder und Videos ausgetauscht oder es wird übereinander geurteilt. Wir konsumieren auch unsere Nachrichten oder unser Unterhaltungsprogramm über sie. Alles in einem. Und für jeden gibt es genau das richtige Angebot! Klingt doch super.

Soziale Medien, Online-Messenger und ähnliche digitale Kommunikations- und Informationswege waren vor 15 Jahren noch eher etwas für junge Menschen und wurden von Älteren nicht ernst genommen, belächelt, als kurzer Trend unterschätzt oder nicht verstanden. Doch spätestens Mitte der 2010er-Jahre, mit dem Aufstieg des iPhones, sind sie in der Mitte der Gesellschaft angekommen. Alle sind mittlerweile geupdatet, gehen mit der Zeit.

Spulen wir noch mal ein Jahrzehnt vor, in das Jahrzehnt, in dem wir uns gerade befinden, in die 2020er. Eine Zeit, in der Begriffe wie „Rechtsruck“, „Krieg“, „Klimawandel“ oder „Pandemie“ die gesellschaftliche Debatte prägen. Eine Zeit, in der digitale Kommunikationswege noch mal an Bedeutsamkeit und Nutzen dazugewonnen haben. Wer jetzt noch nicht geupdatet ist, sollte so langsam mal die eigene Software aktualisieren, nicht nur aus Sicherheitsgründen.

Unsere Smartphones, Tablets und Laptops haben die Art, wie wir miteinander kommunizieren (oder eben auch nicht), komplett verändert. Unsere Bildschirmzeit übersteigt unsere Freiluftzeit um ein Vielfaches. Statt uns einmal am Tag im TV über das Weltgeschehen zu informieren oder unseren Liebsten einen persönlichen Besuch abzustatten, können wir alles, was wir so wollen und brauchen, nun mit diesen rechteckigen Geräten erledigen. Übrigens habe ich letztens irgendwo gelesen, dass Handystrahlung doch nicht so gefährlich sei, wie immer gedacht wurde. Deshalb könnten wir es rein theoretisch ohne Bedenken einfach die ganze Zeit bei uns behalten. Letztens habe ich erst eine arte-Doku zu diesem Thema auf YouTube gesehen: *Homo Digitalis*. Ewige Jugend, das Upgrade für dein Gehirn. The sky is the limit! Willkommen im Metaverse. Einfach einen Chip implantieren lassen oder die Brille aufsetzen, und auf geht's! Die Realität gehört der Vergangenheit an. Wir sind auf dem besten Weg in eine Dystopie, also in eine mögliche Zukunft, die auf viele von uns erschreckend wirkt. Oder stecken wir schon mittendrin? Das hätten sich doch selbst die Produzent:innen von *Black Mirror* nicht besser ausdenken können.

So weit sind wir aber noch nicht. Und es muss ja auch nicht immer gleich alles in einer Dystopie enden. Dank Internet, Apps und Plattformen jeglicher Art haben es Menschen geschafft, gehört zu werden, deren Stimme keinen Platz im TV oder Radio hatte. Die Ungehörten werden gehört, und sie finden Menschen, die darauf gewartet haben, zuzuhören. Wir haben so viel Freiheit dazugewonnen dank unserer Smartphones. Egal was dich beschäftigt, du hast einen Ort, an dem du dich mitteilen kannst. Du wirst endlich gesehen und gehört. Du bist nicht allein! Du kannst die Welt aus deiner Perspektive dokumentieren, teilen und verändern. Gefällt mir! I like. Viele globale Bewegungen haben sich im digitalen Raum gefunden, organisiert und verbreitet. Denken wir nur an #MeToo, Black Lives Matter oder Fridays for future.

Der Vorhang ist abgenommen, nichts kann mehr verschleiert werden. Informationen und Bilder müssen nicht mehr durch den Filter von irgendwelchen Redaktionen, von denen wir sowieso nicht wissen, wer in ihnen sitzt. Wer braucht denn auch schon Filter? *BILD dir deine Meinung* war gestern, her mit der Wahrheit. Der einzig sinnvolle Filter ist die Realität. Und der für meine nächste Instagram-Story. Hab gestern nämlich nicht so viel geschlafen, war wieder zu lange auf TikTok unterwegs. Ich kann es nur noch einmal betonen: Geh mit der Zeit oder du gehst mit der Zeit. Tik Tok, Tik Tok – die Zeit läuft. Mit TikTok meine ich aber natürlich nicht den gleichnamigen Pop-Song von Ke$ha aus dem Jahre 2009. Sondern TikTok, den neuesten Schrei aus China! Eine App, die so anders ist als alle ihre Konkurrenten. Bei der es nicht darum geht, deinen Freund:innen oder irgendwelchen Influencer:innen dabei zuzuschauen, wie sie an einem Traumstrand entlangspazieren oder irgendwelche Produkte in die Kamera halten, die du unbedingt mal mit dem Rabattcode „LasstMichBitteInRuhe23" kaufen und ausprobieren solltest. Hier geht es wirklich um dich! Dafür sorgt ein Algorithmus, der dir nur das anzeigt, was dich wirklich interessiert. Dabei ist es egal, wem du folgst oder was du abonnierst. Das, was du zu sehen bekommst, ist nur „Für Dich". So heißt auch der Feed auf TikTok – einzigartig, immer anders und eben extra für dich. Dem Algorithmus sei Dank. Lang lebe die künstliche Intelligenz! Aber es ist auch ziemlich viel, was ich da so jeden Tag angezeigt bekomme. Lustig, traurig, echt, manipuliert, kurz, lang, diskriminierend, kuratiert und vor allem – ziemlich viel. TikTok reiht sich als eines der jüngeren Mitglieder in die Gang ein. In die Gang, von der wir alle ein Teil sind. Die Gang, die uns mit Informationen, Updates, Bildern und Videos nur so überflutet.

Wie unsere Welt heutzutage wohl aussehen würde, wenn es das alles nicht gäbe? Würde es uns dann besser gehen? Wie würden unsere Beziehungen aussehen? Denn das, womit wir da täglich konfrontiert werden, hinterlässt Spuren und verändert unseren

Umgang mit Menschen. Es hinterlässt Spuren auf unserem Wohlbefinden, unserem Selbstbild, unserem Selbstwert und unserer Definition von Glück. Wann sind wir eigentlich mal glücklich?

> Man will nicht nur glücklich sein,
> sondern glücklicher als die anderen.
> Und das ist deshalb so schwer,
> weil wir die anderen für glücklicher halten,
> als sie sind.
>
> – Charles de Secondat, Baron de Montesquieu

Glücklicher sein zu wollen als andere soll uns also dabei im Weg stehen, glücklich zu sein. Dabei sind die anderen sowieso gar nicht so glücklich, wie es uns erscheint oder wie sie es uns zu vermitteln versuchen. Vielleicht sind die Menschen online ja gar nicht so authentisch und echt, wie wir immer denken. Es ist schon lange her, dass ich einen traurigen Post von Freund:innen auf Instagram gesehen habe. Oder einen Post, bei dem eine Person geteilt hat, dass es ihr gerade richtig beschissen geht. Hier kam es in letzter Zeit jedoch zu einer positiven Entwicklung, denn besonders woke und authentische Influencer:innen, oder sollen wir lieber sagen Sinnfluencer:innen, machen inzwischen immer wieder auf sich aufmerksam, indem sie online darüber sprechen, dass es ihnen nicht gut geht, und auch nicht so schöne Aspekte ihres Lebens teilen. Trotzdem wird meistens das gepostet, was instagrammable ist. Also das, was gut aussieht, gute Laune macht und mit dem man die anderen beeindrucken kann. Eben das, was die meisten Likes, Kommentare und Saves absahnt. So funktioniert er, der Instagram-Flex!

Postest du etwas, wenn's dir schlecht geht? Also ich schon. Aber natürlich nicht meine schlechte Laune. Sondern etwas aus dem Archiv. Nach den ganzen Reaktionen, Likes und Kommentaren der anderen geht es mir nämlich schon viel besser. Auf Social Media posten, damit es uns besser geht? Instagram und Co. zur Selbstwerterhöhung nutzen? Wieso nicht? Vergleichst du dich mit den anderen und deren tollen Leben, die so viel besser sind als deins? Weil sie einfach so viel mehr machen und geschafft haben als du? Oder kannst du dich abgrenzen von dem, was du da siehst? Nein, kannst du nicht so gut? Ich auch nicht wirklich. Wie soll man sich davon denn auch bitte abgrenzen? Wir wollen glücklicher sein als die anderen, dabei sind die anderen gar nicht so glücklich, wie sie tun. Was bedeutet das? Wann hinterfragen wir das, was wir sehen? Wir haben uns inzwischen so sehr daran gewöhnt, unachtsam über unsere Bildschirme zu wischen und anderen beim Leben oder der Welt beim Untergehen zuzuschauen, dass wir gar nicht mehr merken, was das mit uns macht.

Unser heutiger Medienkonsum führt zu gesellschaftlicher Spaltung, Unzufriedenheit, Depressionen, Essstörungen, Suiziden und Angst. Wir erleben eine psychische Gesundheitskrise, und die Art, wie wir digital Medien konsumieren, hat dazu einen großen Teil beigetragen. Wir sehen ständig durchtrainierte Körper, glatte Gesichter und glückliche Momente. Vor allem für Jugendliche ist der Einfluss auf die Psyche enorm. Unsicherheit und Unzufriedenheit können unsere Stimmung und unser Wohlbefinden verschlechtern.

Wir vergleichen uns aber nicht mehr nur mit anderen, sondern inzwischen auch mit unserer eigenen, gefilterten Identität. Wir wollen nicht mehr aussehen wie David Beckham oder Angelina Jolie. Aber auch nicht wie die Influencer:innen Caro Daur, Toni Mahfud oder Pamela Reif. Sondern wie wir selbst – bloß mit dem „Just baby“-Filter. Aber sag das bloß nicht laut, sonst wirst du noch gecancelt! Politisch extreme und gefährliche Gruppen fühlen sich nicht mehr wie eine Minderheit, sondern dank Support auf Social Media groß wie selten zuvor und werden immer lauter. Menschen werden mittels Deep Fakes, Fake News oder Clickbait, die durch künstliche Intelligenzen immer schneller und beliebiger verbreitet werden, verängstigt und irritiert. Jede:r sieht etwas anderes, jede:r glaubt etwas anderes. Daran ist erst mal nichts verwerflich. Doch wenn Unsicherheiten und Ängste geschürt werden, um eine politische Agenda zu verfolgen und zu manipulieren, dann ist Algorithmus-Individualität, vor allem in Bezug auf Nachrichten, vielleicht doch nicht mehr so toll. Wir bekommen nicht die Wahrheit zu sehen, sondern das, auf das wir am häufigsten draufklicken. Oder eben das, mit dem wir am meisten Zeit verbringen. Wir haben es verlernt, Dinge zu hinterfragen, einander zuzuhören, und leben in unseren eigenen digitalen Blasen. Die Menschlichkeit ist tot, lang lebe der Homo Digitalis!

Ganz zu schweigen vom Einfluss auf unsere zwischenmenschlichen Beziehungen. Wir können verflossene Liebschaften digital in unserem Leben behalten und sie online beobachten. Wir sind verletzt, wenn unsere Nachricht gelesen, aber noch nicht beantwortet wurde, oder vergleichen unsere Beziehungen mit denen von anderen Menschen. Menschen, mit denen wir noch nie gesprochen und die wir noch nie gesehen haben. Uns wird vorgegaukelt, wir wären alle miteinander verbunden. Dabei vereinsamen wir vor unseren Smartphones, isolieren uns und sind überall, aber nicht im Hier und Jetzt.

Was können wir aber tun, um einen gesünderen Umgang mit (sozialen) Medien zu erlernen? In erster Linie liegt es an den Betreibern der Dienste, sie besser zu regulieren, zum Beispiel in Bezug auf Hasskommentare, Fake News oder diskriminierenden Content. Bis sie das aber endlich tun, können nur wir selbst unseren Konsum verändern. Viele Menschen nutzen beispielsweise

Zeitlimits für bestimmte Apps oder ausgewählte seriöse Portale für Nachrichten. Vor allem sollten wir jedoch lernen, wieder ein Gefühl für uns selbst zu entwickeln. Wie fühle ich mich, wenn ich diesen Content sehe? Habe ich heute zu viele Nachrichten konsumiert? Wieso stalke ich eigentlich immer noch meine Ex-Partner:innen auf Instagram? Fühle ich mich gut dabei, oder löst es negative Gefühle in mir aus? Sind diese negativen Gefühle berechtigt, weil es sich um ein emotional aufreibendes Thema handelt? Oder war es einfach zu viel? Zu viel von allem? Zu viel Screentime!

Jede:r von uns nutzt und empfindet (soziale) Medien anders. Um herauszufinden, wie es uns mit ihnen besser geht, sollten wir damit anfangen, uns selbst zu beobachten. Und uns selbst zu liken! Weniger im Außen nach Bestätigung oder der Wahrheit suchen, sondern mehr in uns! Eskapismus ist wichtig, wir sollten und dürfen der Realität hin und wieder entfliehen und uns ablenken. Doch wir sollten uns bewusst machen, dass das, was wir da online sehen, nicht immer die Realität widerspiegelt. Denn deine Wahrheit findest du nur in dir und nicht auf Instagram oder TikTok. Aber wo wir gerade bei Bildschirmen und einem ungesunden Verhältnis zu ihnen sind ...

Links, rechts, links, rechts: Jackpot! – Das Spiel mit der Liebe

Spielautomaten, Casinos, Sport- und Pferdewetten, Lotto „6 aus 49“ oder Eurojackpot. Haben wir alle schon mal von gelesen, gehört oder sogar selbst gespielt. Sei es draußen auf der Straße, wo wir Männer mit müdem Blick vor Geschäften mit Namen wie tipico oder bet365 dabei beobachten, wie sie gestresst die letzten Züge ihrer Zigarette inhalieren. Sei es vor oder während der *Tagesschau*, der Institution im deutschen Fernsehen, bei der man sich darauf verlassen kann, dass eine bezaubernde Lottofee ein paar Menschen da draußen unglaublich tolle Nachrichten übermittelt. Die Anspannung bei der Ziehung der Lottozahlen ist so groß, dass wir die tragischen und apokalyptischen Nachrichten, die uns gerade präsentiert wurden, fast vergessen. Von den ganzen Online-Glücksspielen, die uns in TV- und Online-Werbung mit wilden, bunten Animationen entgegenschreien, dass wir nur 10 Euro einzahlen müssten, dafür aber mit 60 Euro spielen könnten, mal ganz abgesehen. „Dein Spiel! Dein Glück!“ Aber nicht vergessen: „Das Angebot gilt nur für Personen mit Wohnsitz oder gewöhnlichem Aufenthaltsort in Schleswig-Holstein.“ Wenn die ganzen Anbieter bloß nicht dazu verpflichtet wären, zu erwähnen, dass Glücksspiel süchtig machen kann. Dann könnten wir doch wenigstens ohne schlechtes Gewissen unser ganzes Geld verprassen. Aber wer fällt da heutzutage überhaupt noch drauf rein? Wer macht das noch? Glücksspiel? Es ist doch schon seit mehr als einer Ewigkeit bekannt, dass Glücksspiel abhängig machen und Menschen in den finanziellen und persönlichen Ruin treiben kann. So hört man es sich sagen. Wäre das doch bloß so einfach!

Die Bundeszentrale für gesundheitliche Aufklärung hat 2019 in einer repräsentativen Befragung herausgefunden, dass 37,7 % der deutschen Bevölkerung zwischen 16 und 70 Jahren – also mehr als ein Drittel – innerhalb der letzten zwölf Monate an Glücksspielen teilgenommen haben. Und eine ganz besondere, vor allem bei jüngeren Menschen beliebte Form des Glücksspiels ist noch nicht einmal eingeschlossen.

Mehr als ein Drittel der Gesellschaft ist aber nicht die komplette Gesellschaft. Viele von uns fühlen sich viel zu aufgeklärt, um auf Glücksspiele reinzufallen. Das machen vielleicht die anderen, aber wir doch nicht. Viele denken bei dem Thema an Personen, die ihre ganze Existenz für die Idee von finanziellem Reichtum aufgeben und sie dem Zufall überlassen. Sie können ihre Entscheidung nicht nachvollziehen. In unserer Gesellschaft werden Glücksspiele und diejenigen, die von ihnen abhängig sind, zum großen Teil verurteilt.

Wie fühlst du dich, wenn du an glücksspielabhängige Personen denkst? Was denkst du über Menschen, die ihre Abende und Nächte in Spielotheken verbringen und an Wetten teilnehmen? Okay, du kannst dich also nicht wirklich mit ihnen identifizieren? Gut für dich! Denn wer will bitte schon eine Spielsucht? Uns fällt es ziemlich leicht, uns von Menschen abzugrenzen, mit deren Lebensstil, toxischen Eigenschaften oder Süchten wir uns nicht identifizieren können oder wollen. Wer will sich schon fühlen wie sie? Menschen, die Glücksspiele spielen, stehen vor schwierigen Entscheidungen. Drücke ich den Knopf jetzt? Oder sollte ich lieber noch warten, bis die Kombination auf dem Bildschirm erscheint, die mir den Jackpot verspricht? Sie sind so gestresst, wollen ihren Einsatz nicht verlieren und das Spiel im besten Fall mit einem Gewinn für sich entscheiden. Aber wir doch nicht! Mit Glücksspielen haben wir nichts zu tun.

Aber einen Augenblick – mir fällt da gerade was ein! Wenn dir jemand nicht gefällt, dann swipe nach links. Falls du jemanden gut finden solltest, dann swipe nach rechts. Und im besten Fall hast du ein Match! Verstanden? Verstanden. Links, links, rechts, links, rechts – Match! Jackpot! Glücksgefühle. Weiter geht's, bis zum nächsten Match. Und das kannst du so lange und so oft machen, wie du willst. Auch wenn du nie weißt, was dich auf deinem Bildschirm erwartet – der nächste Gewinn wartet schon auf dich!

Als Tinder im September 2012 erstmals für iOS auf dem Markt erschien, glich das einer Liebesrevolution. Eine Revolution, die bis heute ungestoppt ihren Lauf nimmt. Wir machen mittlerweile sowieso fast alles auf dem Smartphone: Mit anderen Menschen kommunizieren, Bilder schießen, archivieren und austauschen, die Finanzen regeln oder Musik hören. Wieso dann nicht auch daten? Wo soll man denn sonst heutzutage seine Dates finden? In der Bar oder in einem Club? Das war die letzten Jahre einerseits nur eingeschränkt oder gar nicht möglich, andererseits hat man da auch nicht immer Lust drauf, Energie für oder genug Geld auf dem Konto – die Inflation lässt grüßen. Grundsätzlich kostet es viel Überwindung und Selbstbewusstsein, eine andere, uns fremde Person anzusprechen. Da kommen uns Dating-Apps ganz gelegen. Danke, Tinder und Co.!

Wieso gab es diese Apps eigentlich nicht schon früher als 2012? Da hatte man zumindest nichts ahnen können vom Tinder-Swindler. Es war eine Zeit, in der uns ganz bestimmte Zeilen immer wieder begegneten. Zeilen, die das Lebensgefühl der Generation Tinder perfekt untermalen: „Genieße das Leben und sammle so viele Erfahrungen wie nur möglich!" „Du kannst sie alle haben, denn du bist was ganz Besonderes!" „Du hast nur das Beste vom Besten verdient!" „Leb dich aus, denn man ist nur einmal jung …"

> One day baby, we'll be old,
> Oh baby, we'll be old,
> And think of all the stories that
> we could have told.
>
> – Asaf Avidan

Yolo! One day baby, we'll be old! You only live once! Auf ein Tinder-Date mit einer Person gehen, die ich im echten Leben noch nie gesehen habe? Yolo. Begegnungen im echten Leben vernachlässigen und selbstdarstellerische digitale Profile und anonyme zufällige Online-Begegnungen bevorzugen? Yolo. Menschen aufgrund eines Fotos direkt kategorisieren und die eigene Oberflächlichkeit immer weiter verstärken? Why not, yolo!

Auch wenn die digitale Liebesrevolution sich erst im letzten Jahrzehnt manifestiert hat, ist der Einfluss auf unsere Beziehungen nicht von der Hand zu weisen. Egal was man von ihnen halten möchte, sie sind Teil unserer Dating- und Beziehungsrealität. Dating-Apps haben unsere Liebesgewohnheiten massiv verändert. Wer hätte das damals gedacht? Dass Tinder sogar die Yolo-Zeit überlebt und nun fester Bestandteil unserer Post-Trump-Lockdown-Gesellschaft ist? Man muss vielleicht noch erwähnen, dass besagte App nicht mehr die einzige ist, die um jede Minute kämpft, die ihre User:innen mit ihr verbringen. Dating-Apps gibt es in allen Formen und Farben, für die unterschiedlichsten Bedürfnisse und für (fast) jede Person gibt es die richtige. Was für eine tolle Liebesgeschichte zwischen diesen ganzen Dating-Apps und ihren User:innen. Vielleicht eine toxische?

Dating im echten, „analogen“ Leben ist nicht immer einfach. Kostet schließlich auch Überwindung, eine fremde Person, die man interessant findet, einfach so anzusprechen. Das Risiko, das man da eingeht! Was, wenn ich einen Korb bekomme? Was, wenn die Person super scheiße reagiert? Außerdem finde ich, dass ich heute irgendwie nicht so gut aussehe, da traue ich mich erst recht nicht. Kennen wir alle, oder? Da sind Dating-Apps schon ganz nützlich. Wir haben die komplette Kontrolle. Oder zumindest denken wir das. Wir bestimmen, welche Fotos wir hochladen und wie wir uns online präsentieren. Ein süßes Bild, eine Thirst Trap und dann irgendwas Kreatives. Noch eine catchy Bio und es kann doch eigentlich nichts mehr schiefgehen. Dating-Apps helfen uns dabei, neue Personen kennenzulernen. Für einen Chat, für ein Date, für eine Nacht und vielleicht für die Ewigkeit.

Lange Zeit vor Smartphones war Online-Dating vor allem in der queeren Community ein wichtiges Medium, um sich zu vernetzen. So tolerant unsere Gesellschaft sich heutzutage nach außen gerne präsentiert, sichere Online-Orte für queere Personen waren und sind eine wichtige und notwendige Gelegenheit für sie, Menschen besser kennenzulernen und Liebe zu finden. Dass sichere Orte für queere Personen, vor allem in Bezug auf Dating, wichtig sind, liegt auf der Hand. Sie werden auch heute noch auf offener Straße angegriffen, diskriminiert und gehasst.

Und was ist mit introvertierten Menschen? Menschen, die eine soziale Phobie haben? Für sie ist es nicht einfach auszugehen und sie haben Probleme damit, sich anderen zu öffnen. Dating-Apps können für viele einen sicheren Ort darstellen. Ich habe gehört, dass Menschen, die sich auf Tinder kennengelernt haben, inzwischen sogar verheiratet sind und gemeinsame Kinder haben. Richtige Tinder-Kinder also. Wow, es gibt Tinder-Kinder. Dann kann das doch alles gar nicht so schlecht sein. Ist es ja auch nicht, und Dating-Apps sollten nicht grundsätzlich negativ gesehen werden. Außerdem löschen wir die Apps doch sowieso, wenn wir unsere nächste Liebe gefunden haben, oder nicht? Kann doch nicht so schwer sein, ist ja nur eine App.

Aber es bleibt die Erinnerung an links, rechts – Match! Und weiter, mal gucken, wer da noch so kommt. Mit jedem Match ein Kick Dopamin. Was passiert da eigentlich mit uns? Wenn unser Gehirn uns mit jedem Match, Woof, Tap oder jeder beantworteten Nachricht mit Glücksgefühlen belohnt? Bedeutet das, dass wir einfach swipen sollten, wenn es uns nicht so gut geht – denn wir werden ja mit Dopamin belohnt? Irgendwie doch nicht so einfach, dann nicht mehr zu swipen. Sind das etwa Entzugserscheinungen? Diese Aufregung, wenn mein Bildschirm mir entgegenjubelt, „It's a match!", das Gefühl vor dem ersten Treffen. Wieso soll ich mich eigentlich binden? Ich kann sie doch alle haben. Kann ich nicht einfach weiter swipen? Und plötzlich ist die (Glücksspiel-)Abhängigkeit gar nicht mehr so weit entfernt. Dating-Apps und Glücksspiel weisen viele Parallelen auf. Bei jedem positiven Online-Dating-Moment werden Glücksgefühle ausgeschüttet. Ähnlich wie beim Glücksspiel oder beim Rauchen. Wir gewöhnen uns an den regelmäßigen Ausstoß von positiven Gefühlen und spüren einen Entzug, wenn wir keinen Zugriff auf die Droge haben. Wir gewöhnen uns daran, Zeit in diese Apps zu investieren. Und im schlimmsten Fall verzocken wir das, was wir eigentlich nicht verlieren wollten.

Wie oft habe ich schon Beziehungsdramen und -enden miterlebt, die mit einem geheimen oder offen sichtbaren Profil auf einer Dating-App begannen. Wie lautet die Regel? Ab wann muss man löschen? In Kennenlernphasen, deren Längen sich unaufhaltsam ausweiten – Slow Love lautet die Devise –, kann man die Apps ja noch behalten. Ist schließlich noch nichts Festes, oder? Dabei sei an dieser Stelle erwähnt, dass es auch viele Paare gibt, bei denen dieses Thema einfach keines ist, weil sie kein Problem damit haben, wenn der Partner oder die Partnerin sich online umschaut. Viele Paare nutzen die Apps in ihren Beziehungen, vor allem wenn ein offenes oder alternatives Modell gelebt wird. Es gibt auch Paare, die sich ein gemeinsames Profil erstellen, um nach einem Abenteuer zu suchen. Solange kein Geheimnis daraus gemacht wird, ist doch alles in Ordnung. Und genau da wären wir wieder bei den Beziehungsdramen. Es müssen meistens detektivische Meisterleistungen erbracht werden, ehe digitale Begegnungen thematisiert werden. Fluch und Segen zugleich also, diese ganzen Dating-Apps. Einerseits können sie Beziehungen kreieren und diese bereichern. Andererseits müssen wir aber lernen, richtig mit ihnen umzugehen.

Wir können die Existenz von Dating-Apps nicht negieren. Sie gehören heutzutage zum Dating dazu. Und das ist auch in Ordnung. Wir sollten jedoch lernen, einen gesunden Umgang mit ihnen zu entwickeln, und vor allem unser eigenes Verhältnis zu ihnen zu hinterfragen. Nutzen wir sie, um schlechte Gefühle zu kompensieren? Brauchen wir gerade einfach nur Bestätigung? Haben wir Angst, etwas zu verpassen? Kontrollieren deine Dating-Apps dich? Oder profitierst du von ihnen, weil du echte Begegnungen kreierst? Ich finde, wir sollten anfangen, über unser Verhältnis zu Dating-Apps zu sprechen, so wie wir es mit unserem Zuckerkonsum oder auch unserem Alter tun. Sich nämlich seiner eigenen Angst bezüglich des Themas stellen und miteinander sprechen!

Es gibt kein Richtig und Falsch in Bezug auf Dating-Apps. Und auf die Frage, ob man sie löschen sollte, wenn man in einer Beziehung ist. Oder ob man sie auch für Freundschaften nutzen kann. Es ist in Ordnung, sich nach der Bestätigung von anderen Menschen zu sehnen und sich diese auch zu holen. Das machen wir schließlich genauso im echten Leben, selbst wenn wir eine Beziehung führen. Diese Bestätigung kann uns manchmal schon ein freundlicher Blick oder ein Lächeln einer fremden Person schenken. Wieso dann nicht auch digital? Jede:r von uns hat eine andere Haltung zu Dating-Apps und unterschiedliche Erfahrungen mit ihnen gemacht, weshalb es hier nicht den einzig wahren Weg gibt. Wir finden nur heraus, wer und was zu uns passt, wenn wir keine Angst davor haben, unsere Bedürfnisse und Ängste offen zu thematisieren. Wir können Beziehungen nur dann aufrechterhalten, wenn wir offen miteinander sind. Und dazu gehört genauso das Thema Online-Dating.

Manchmal mag ich dich nicht, Tinder. Aber dann irgendwie doch. Ab und zu mal. Ach, und was mir gerade eingefallen ist: Diejenigen, die am Ende am meisten von dem Ganzen profitieren, sind die Unternehmen hinter dem Spiel mit der Liebe, schließlich schenken wir ihnen unsere Zeit und häufig auch unser Geld. Na ja, auch egal, ich bin dann mal kurz swipen!

www.0190.666-666.de – Die Porno-Psychose

1993, da gab es noch kein Online-Dating. Da hat man als Single noch gehofft, dass man bei Rudi Carell sein *Herzblatt* findet. *Nur die Liebe zählt*, das waren Zeiten! Ich bin im Jahr 1993 geboren. Das bedeutet, dass ich meine Kindheit und frühe Jugend in den 2000ern verbracht habe. Im Gegensatz zu vielen anderen Menschen, die als Säuglinge bereits ein Tablet in ihren Händen hielten oder mit acht Jahren schon auf Snapchat unterwegs waren (Grüße gehen raus an die Gen Z), kann ich mich noch gut an die Zeit erinnern, in der das lineare Fernsehen und Printmedien die Kultur und den gesellschaftlichen Diskurs primär prägten. Zu dieser Zeit steckte das breitenwirksame Internet noch in den Kinderschuhen und war nicht so zugänglich und schnell wie heutzutage.

Sexualisierte Inhalte waren dennoch medial präsent und leicht zugänglich. Nach dem Sandmännchen auf KiKa rüber zu VIVA, wo Jelena und Julija vom russischen Pop-Duo t.A.T.u. im Regen züngelnd und *All the Things She Said*-singend auf uns warteten. Es ist die Zeit, in welcher der OG-Influencerin Paris Hilton dank des Heimpornos *One Night in Paris* ihr Hollywood-Durchbruch gelang. *That's hot*, oder nicht? Freizügige, pornografische oder sexualisierte Inhalte hatten also schon immer einen Platz im freizeitlichen Unterhaltungsprogramm der Menschen. Denken wir doch nur an das skandalöseste TV-Relikt dieser Zeit zurück: Das weltweit wohl bekannteste Reality-Format mit der Orwell'schen Namensherkunft – *Big Brother*. Und eins war dem

Sender und den Werbetreibenden sicher: Je sexueller die Inhalte, desto höher die Einschaltquoten und desto mehr sprachen Leute über die Sendung.

Doch das Wildeste, was damals im linearen Fernsehen so möglich war, sind wohl die *Sexy Sport Clips* auf DSF (heute Sport1), in denen nackte Frauen uns über die Fernsehlautsprecher entgegenstöhnten, dass wir doch bitte eine nicht ganz so kostengünstige und dubios wirkende Nummer anrufen sollten. Aber wer braucht heutzutage noch DSF, schließlich haben wir jetzt DSL!

Denn je mehr DSL-Anschlüsse es gab und je mehr Glasfaserleitungen verlegt wurden, desto schneller verbreitete sich eine neue Art der sexuellen Unterhaltung, wobei sexuelle Traumatisierung in einigen Fällen wohl der passendere Ausdruck wäre: Internet-Pornos! Klar, die kann man nicht alle über einen Kamm scheren und kategorisch als schlecht bezeichnen. Denn feministische Pornos, bei denen die Lust der Frau im Mittelpunkt steht, Stereotype aufgebrochen werden oder bei denen eine Frau oder diverse Person hinter der Kamera steht, werden immer beliebter und zahlreicher. Es gibt Pornos, die sich nicht traditioneller Klischees bedienen, bei denen zwischen den Sexualpartner:innen kein extremes geschlechterbezogenes Machtgefälle herrscht und nicht künstlich rumgestöhnt wird. Pornos, die Sex präsentieren, die echtem Sex nahekommen. Pornos, bei denen Männer nicht immer „typisch männlich" und Frauen „typisch weiblich" dargestellt werden. Pornos, die berücksichtigen, dass jeder Mensch, egal welches Gender oder welche Sexualität, anders ist und man nicht immer in die Klischeekiste greifen muss. Nicht jeder Porno ist schlecht für uns oder unsere Sexualität. Pornos können uns erregen und unser Sexualleben bereichern. Selbstbefriedigung gehört zu gesunder Sexualität dazu, und Pornografie kann ein Teil davon sein. Auch ein extremes Machtgefälle kann für manche sexuell erregend sein, ganz abgesehen von den vielen Fetischen, die wir haben können. Sex ist für jede:n anders und sollte uns in erster Linie gut fühlen lassen. Deshalb haben auch Darstellungen unterschiedlicher sexueller Fantasien ihre Berechtigung.

Nicht alles auf Pornoseiten ist also prinzipiell problematisch. Doch eine Menge von dem, was vor uns unkontrolliert über die Bildschirme flimmert, hat nichts mit Lust, Leidenschaft und Liebe zu tun, sondern in vielen Fällen auch mit sexualisierter Gewalt. So entschied das Unternehmen Pornhub Ende 2020, alle Videos von nichtverifizierten Accounts zu löschen, da Zahlungsdienstleister wegen Skandalen rund um Inhalte mit Minderjährigen, nicht einvernehmlichem Sex (also Vergewaltigungen) und nicht einvernehmlicher körperlicher Gewalt mit geschäftsschädigenden Konsequenzen drohten. Ein dringend nötiges Signal, denn was macht das eigentlich mit uns, wenn wir uns diese Inhalte ansehen? Ganz abgesehen vom Einfluss auf Kinder, Jugendliche und junge Erwachsene, die bei unkontrolliertem Zugriff auf das Internet mit nur wenigen Klicks bei diesen Inhalten landen können? Wie fühlt es sich an, zu wissen, dass man sich da gerade etwas angeguckt und sexualisiert hat, was eigentlich eine Vergewaltigung war?

Pornos haben einen großen Einfluss auf die sexuelle Entwicklung, vor allem wenn man beginnt, sie zu schauen. Für viele Menschen ist Pornografie der Einstieg in die Sexualität. Ich kenne nicht viele Personen in meinem Umfeld, die behaupten würden, dass sie von ihren Eltern oder Erziehungsberechtigten ausreichend und gut aufgeklärt wurden. Meine erste richtige sexuelle Aufklärung hatte ich im Biologieunterricht, so etwa in der siebten Klasse. Und da habe ich ehrlich gesagt nicht so viel mitgegeben bekommen, außer, wie ich ein Kondom über eine Gurke ziehe. Bei der sexuellen Aufklärung gibt es noch einiges an Verbesserungspotenzial. Für viele

Menschen ist dieses Thema grundsätzlich mit Scham besetzt und sehr sensibel, was zu Hemmungen in Bezug auf offenen Austausch führt – vor allem bei jungen Menschen. Was nicht außer Acht gelassen werden darf: In vielen Kulturkreisen und auch bei vielen (streng oder auch nicht so streng) religiösen Menschen haben viele externe Faktoren so einen hemmenden Einfluss auf die Offenheit dem Thema gegenüber, sodass es als Konsequenz gerne komplett vermieden wird. Doch Obacht, liebe Eltern! Wenn ihr es nicht tut, dann tut es eben YouPorn. Was für die Jugend von damals das immer verständnisvolle Dr.-Sommer-Team der *Bravo* war, ist heute für viele ein Hardcore-Porno. Dabei sind Pornos meist die visuelle Realisation sexueller Fantasien von alten (weißen) Männern, die ihr verzerrtes Verständnis von mächtigen, starken und dominanten Männern und unterwürfigen, willenlosen und devoten Frauen darstellen und damit toxische Rollenbilder befördern. Was macht das mit sexuell unerfahrenen Menschen, wenn sie auf Pornoseiten bei Videos mit harten und teils sexistischen Titeln landen?

Personen, die sich diese Pornos anschauen, bekommen ein klares Bild vermittelt: der starke Mann, der immer kann und dominiert. Die Frau, die im Dienste des Mannes steht. Der hypermaskuline, dominante Top, der darauf wartet, seinen eher feminin wirkenden, devoten Bottom ins Kissen zu drücken. Klischees eben. Der dargestellte sexuelle Akt entspricht selten der sexuellen Realität von Liebespaaren und Sexpartner:innen. Romantische Gefühle und romantischer Sex werden selten dargestellt. Das kann dazu führen, dass bei Zuschauer:innen ein verzerrtes Selbstbild von sich und der eigenen Sexualität entsteht und verstärkt wird. Die einen könnten denken, dass sie immer die harten Typen sein müssen, die allzeit dazu bereit sein sollten, sexuell zu dominieren. Die anderen, dass sie körperlich dominiert werden sollten und ihre sexuelle Befriedigung der einer anderen Person unterordnen müssen.

Die Folge ist für viele, dass sie Angst und Druck vor sexueller Interaktion entwickeln. Macht das dann überhaupt noch Spaß? Die einen bekommen Erektionsstörungen oder Vaginismus, die anderen fühlen sich nicht wohl, haben keine Freude am Sex oder kommen nicht in Stimmung. Auch in gleichgeschlechtlichen Pornos mit Männern wird Sex häufig extrem dargestellt (von toxischen Körperstandards mal ganz abgesehen). Filme, die gleichgeschlechtlichen Sex zwischen Frauen darstellen, sind meist von sexuellen Fantasien von Männern getrieben und für sie produziert. Die geschlechtlichen Konstellationen machen hier also keinen wirklichen Unterschied.

Und auch wenn Pornos nicht zur Aufklärung genutzt werden, haben sie, wie auch andere visuelle Darstellungen von Sex, einen starken Einfluss auf unser Verständnis und unsere Wahrnehmung von sexueller Interaktion. Der muskelbepackte Handwerker steht im engen Tanktop vor der Tür – *Ding Dong!* Hallo, wer ist denn da? Wieso liegt hier eigentlich Stroh? Und ehe die Tür überhaupt richtig geöffnet wurde, geht es auch schon zur Sache. So oder so ähnlich schon einmal gesehen, oder? Vorspiel, Fehlanzeige! Auch Verhütung wird in Pornos selten beziehungsweise gar nicht dargestellt. Der Moment, in dem ein Mann ein Kondom über sein erregtes Glied ziehen soll – für viele Menschen die Stunde der Wahrheit. Hat es funktioniert? Wieso nicht? Wieder zu viele Gedanken gemacht? Häufig wird das Überziehen des Kondoms als Unterbrechung im Akt und Störfaktor empfunden, weshalb nicht wenige darauf verzichten. Dabei gehört das Überziehen des Kondoms zum Sex dazu. Und nicht nur in Pornos wird Verhütung gekonnt ignoriert. Auch in Hollywood geht es meistens direkt zur Sache, als sei das Kondom kein oder ein unwichtiger Teil des sexuellen Aktes. Vom Vorspiel wollen wir gar nicht erst anfangen. Pornos zeigen Sex eben selten so, wie er tatsächlich ist.

Der Einfluss dieses Contents ist enorm, nicht nur auf unser Selbstbild, Körperempfinden und Sexualleben. Er verstärkt darüber hinaus die Fetischisierung von Menschen aufgrund ihrer äußeren körperlichen Merkmale. Männer mit vermeintlich „südländischem“ Aussehen werden beispielsweise häufig für sehr dominant oder leidenschaftlich gehalten. Je dunkler deine Haut, desto größer dein Teil – das kündigen zumindest die Videotitel so an. Ich könnte noch viele Beispiele bringen, doch ich glaube, ihr habt verstanden, was Fetischisierung alles umfassen kann, daher möchte ich diese Stereotypen nicht weiter reproduzieren. Denn genau das hat diese Fetischisierung zur Folge. Und wehe, du weichst von der Online-Porno-Norm ab – dann bist du es einfach nicht wert und eine echte Enttäuschung. Diese sexuellen Attribute, die dir aufgrund deines Aussehens zugeschrieben werden, haben mit der Realität jedoch nicht wirklich etwas gemeinsam. Sexualität ist nicht an äußerliche Merkmale gekoppelt. Doch wenn wir diese Klischees und Rollenbilder verinnerlichen, kann das zu unrealistischen und unerfüllbaren Erwartungen führen. Die Einzigartigkeit jeder Person spielt keine Rolle mehr, vielmehr sollen und müssen wir funktionieren, abliefern, das sein, was von uns erwartet wird. Und im besten Fall noch penetrieren beziehungsweise penetriert werden. Ruhe, Vertrauen, Intimität und Liebe spielen dabei nur noch eine untergeordnete Rolle.

In den letzten Jahren kam es in der Pornoindustrie jedoch zu einer gravierenden Veränderung. An dieser Stelle möchte ich eine von Deutschlands erfolgreichsten Rapperinnen zitieren. Ihr Name lautet Katrin Vogelová, den meisten von uns ist sie jedoch unter ihrem Künstlernamen Katja Krasavice bekannt. 2022 machte sie uns klar:

> Kann sein, dass ich heute kein'n Slip trag und ein nasty
> Bild nur für dich mach,
> Doch willst du das sehn, musst du abonniern, hahaha,
> Ich hab einen roten Benz dank OnlyFans,
> Ich glaub, ich bin jetzt Millionärin!
>
> – Katja Krasavice

OnlyFans, die Porno-Revolution. Weg von Pornos, die im hyperinszenierten Studio-Setting gedreht werden und bei denen die Darsteller:innen oft keine wirkliche Kontrolle oder Mitsprache über die Inhalte haben, hin zu selbst kreierten Homevideos hinter Bezahlschranken. Die Wege, über die pornografische und sexualisierte Inhalte konsumiert werden, haben sich vervielfacht. Auch beispielsweise die Plattform X (ehemals Twitter) wird für Creator:innen immer beliebter, um ihre Inhalte zu verbreiten. Das ist in vielerlei Hinsicht eine positive Entwicklung, vor allem für Sexarbeiter:innen, da sie so selbst entscheiden können, wie sie sich präsentieren, was sie wann hochladen und wie viel Geld sie für ihre Inhalte verlangen. Schlechte Arbeitsbedingungen und toxische Menschen hinter der Kamera gehören damit für viele der Vergangenheit an, die Autonomie wurde gestärkt – mein Körper, meine Regeln, mein Content. Oder wie Katja Krasavice sagen würde: „Lade neue Fotos hoch in sexy Dessous, und stimmt die Bonität bei dir, verschicke ich auch Nudes!"

Doch auch diese Art von Konsum und die extreme digitale Kapitalisierung von sexuellen Inhalten haben einen starken Einfluss auf unsere Sexualität. Uns wird random Porno nach Porno nach Porno in einem algorithmusgetriebenen Feed angezeigt. Sex ist beliebig und wir lernen, dass wir reich werden können, wenn wir uns sexualisieren lassen. Sex als Ware, die man für seinen persönlichen Aufstieg im kapitalistischen System nutzen kann.

Wieder etwas, in dem wir uns verbessern und selbst optimieren können. Als wäre die Liste nicht schon lang genug! Wir vergleichen uns mit immer mehr Creator:innen, die ihre gestählten, ultra-„maskulinen“ oder ultra-„femininen“ Körper auf unseren Bildschirmen präsentieren.

Klar, wenn wir uns ultramaskulin, ultrafeminin oder ultra-wie-auch-immer-wir-wollen fühlen und das gerne zur Schau stellen, ist daran nichts problematisch. Genauso verhält es sich, wenn wir beim Sex eine eher dominante oder eher devote Seite ausleben. Mit Sex Geld zu verdienen, ist ebenso wenig grundsätzlich problematisch und sollte jedem Menschen selbst überlassen sein. Aber uns sollte bewusst sein, dass die extreme, künstliche Darstellung von Sex und das Reproduzieren gewisser Dynamiken nicht nur auf junge Menschen einen starken Einfluss hat, sondern genauso auf sexuell erfahrene Personen. Durch die ständige Konfrontation mit diesen Inhalten sind wir durchgehend mit unterschiedlichen aufregenden Bildern und Reizen in Bezug auf Sex konfrontiert, sodass wir überstimuliert werden und desensibilisieren – in gewisser Weise also sexuell abstumpfen. Das bedeutet, dass wir aufgrund des ständigen Konsums dieses Contents im echten Leben nicht mehr so leicht sexuell stimulierbar sind und Probleme mit unserer Libido, also unserem sexuellen Antrieb, bekommen können. Echter Sex mit echten Menschen kann bei uns dann vielleicht nicht mehr das auslösen, was dieser eigentlich auslösen sollte, könnte und würde. Die Konsequenz: Scham, Unzufriedenheit und Versagensängste. Die Lösung: noch mehr isoliertes Vergnügen mit Pornos. Oder?

An den Entwicklungen in der Industrie mit der Lust können wir nicht viel ändern. Es ist unrealistisch, sexualisierte Inhalte komplett aus unserem Leben zu verbannen. Wieso denn auch? Sie können uns ja auch Spaß bereiten. Genauso wenig können wir alle toxischen Inhalte auf Pornoplattformen im Internet löschen oder Creator:innen vorschreiben, wie sie sich darzustellen haben. Jeder Mensch ist schließlich für sich selbst verantwortlich und kann sich präsentieren, wie er oder sie möchte. Auch das eigene Geld mit Sex zu verdienen, sollte heutzutage von niemandem mehr verurteilt werden. Es liegt an uns, wie wir damit umgehen, wie viel und was wir davon konsumieren und wie wir über sexuelle Befriedigung und Pornografie sprechen und uns aufklären.

Unsere sexuellen Fantasien unterscheiden sich von Individuum zu Individuum, und mit einigen offensichtlichen Ausnahmen sind sie vollkommen in Ordnung. Wir dürfen auch Fantasien haben, die wir nicht (regelmäßig) ausleben. Und selbst wenn wir sie regelmäßig ausleben, ist das einzig und allein unsere Sache. Es ist möglich, sich extreme Inhalte anzuschauen, ohne das Verlangen oder die Erwartung zu haben, diese in der Realität auszuleben. Und selbst wenn, solange alle einverstanden sind, gibt es kein Problem. Trotzdem sollten wir ein gesundes Verhältnis zu diesem Content entwickeln. Braucht man immer digitale, visuelle Unterstützung, um sexuell stimuliert zu werden? Es scheint, als wäre das für die meisten Menschen der einfachste, schnellste und beliebteste Weg. Doch wir sollten uns nicht ausschließlich auf diesen verlassen und wieder lernen, unseren Körper auch auf andere Weisen, abseits vom Porno, kennen und lieben zu lernen.

Ganz besonders sollten wir damit aufhören, diese Themen zu tabuisieren. Wenn wir nicht darüber sprechen, worüber wir fantasieren oder was wir mögen, wie sollen wir dann eine intime sexuelle Beziehung zu einer anderen Person entwickeln? Lust funktioniert bei jedem Menschen anders und wird durch unterschiedliche Dinge getriggert. Und die einzige Möglichkeit, sich sexuell, egal ob individuell oder gemeinsam, zu finden, ist offene Kommunikation. Wir sollten damit anfangen, Sexualität, Selbstbefriedigung, Pornografie und sexuelle Fantasien im geschützten Rahmen zu besprechen, ohne Angst davor, kategorisiert oder verurteilt zu werden. Sex ist nämlich ein essenzieller Bestandteil unserer Beziehungen. Vorlieben beim einvernehmlichen Sex sollten von niemandem, vor allem nicht unseren Partner:innen, bewertet werden. Es sollte uns zustehen, unsere sexuellen Bedürfnisse auch in unseren Beziehungen und Romanzen auszuleben.

Sollten uns stereotypisierende Rollenbilder durch schlechte sexuelle Aufklärung oder übermäßigen Pornokonsum verunsichert haben, ist es an der Zeit, als erwachsene Personen die Verantwortung für unsere Lust wieder selbst in die Hand zu nehmen. Sex ist ein psychologischer, emotionaler, biologischer zwischenmenschlicher Austausch, der mehr umfasst als Penetration. Doch in Pornos wird uns Penetration als der Goldstandard des Geschlechtsverkehrs verkauft. In Wahrheit gibt es keine Regeln – nichts muss, alles kann. Auch Sex ohne Penetration ist echter Sex und bei vielen Paaren die Regel. Statt Pornos nachspielen lieber den Moment genießen und miteinander kommunizieren, egal ob mit Worten oder körperlich. Nicht die Sexualität von sich selbst abspalten und in eine Rolle schlüpfen, sondern authentisch im Moment sein.

Sex ist nicht nur reine Bedürfnisbefriedigung oder Druck ablassen, sondern kann eine Basis für Intimität, Nähe und Liebe sein. Wir sollten damit anfangen, auch schlechte Erfahrungen zu teilen, ohne Angst vor einer negativen Reaktion. Wir wissen erst, wie unser Gegenüber reagiert, wenn wir ihm oder ihr die Möglichkeit geben, Stellung zu beziehen. Wenn wir immer Angst haben, über bestimmte Themen zu sprechen, dann liegt es in den meisten Fällen daran, dass wir uns selbst für unsere Wünsche oder Vorlieben verurteilen. Dabei sollten wir unsere Ängste und Sorgen loslassen und anfangen zu vertrauen. Nur so können wir es schaffen, dass Pornos und liebe- und respektvoller Sex neben- und miteinander bestehen können.

Wo wir gerade bei Liebe sind ...

„Lieb dich!" – „Lieb dich doch selbst!"

Wir sind überstimuliert. So viele Reize und Eindrücke, die von außen auf uns einprasseln. Seien es soziale Medien, Pornografie oder das ständige Verfügbarsein auf Dating-Plattformen. Alles ist jederzeit für uns erreichbar. Dazu dann noch die durchgängige Auseinandersetzung mit uns selbst. Echt eine ganz schöne Menge, auf die wir achten müssen, damit es uns und unseren Beziehungen gut geht. Nicht zu viel von dem einen, ein bisschen weniger vom anderen, vom Nächsten könnte es aber ein bisschen mehr sein. So viel Content, so viele Krisen und so viel, was meine Zeit für sich beanspruchen möchte. Manchmal weiß ich gar nicht so recht, wohin mit mir. Wieso können die Dinge nicht einfach so konzipiert werden, dass sie uns Menschen guttun, uns stärken und uns voranbringen? Wieso muss ich mich eigentlich mit all dem beschäftigen? Da bekomme ich schon wieder Kopfschmerzen. Übrigens, die letzten drei Nächte habe ich auch keinen wirklich guten und erholsamen Schlaf finden können. Ich habe gestern zum Beispiel so ein TikTok-Video gesehen, das die langfristigen Konsequenzen von schlechtem Schlaf gezeigt hat. Irgendwie hat mich das ein wenig beunruhigt. Wie ist es denn bei dir? Hast du das nicht manchmal auch? Dieses Gefühl, dass dir alles über den Kopf wächst. Du solltest wissen, dass ich will, dass es dir gut geht und dass du die beste Version von dir selbst wirst. Deshalb ...

... kümmere dich doch mal ein bisschen mehr um dich selbst! Wann hast du das letzte Mal so richtig gut entspannt? Einfach mal abschalten, Flugmodus an und für niemanden erreichbar sein.

Eine kleine Flucht aus dem Alltag und der Realität – einfach weg! Das würde dir richtig guttun. Selbst wenn es nur für eine Stunde ist, das brauchst du! Wenn du dir keine Zeit für dich selbst nimmst, wer tut es denn dann? Ich glaube, keiner! Pass auf, dass du dich immer selbst ausbalancierst. Nicht zu viel Arbeit, sonst kriegst du noch ein Burn-out. Aber auch nicht zu viel Freizeit, sonst kommt das Bore-out. In beiden Fällen bist du schneller depressiv, als dir lieb ist. Wusstest du, dass man Depressionen haben und im Alltag trotzdem funktionieren kann? Das nennt man dann hochfunktionale Depression. Vielleicht hast du davon schon mal gehört? Ich habe dich auch schon lange nicht mehr so richtig herzlich lachen sehen, und Lust, mit mir auszugehen, hast du auch keine mehr in letzter Zeit. Geht es dir wirklich gut? Also ich kenne viele, die sich nicht gut um sich selbst gekümmert haben und dann in ein tiefes Loch gefallen sind, aus dem sie allein nicht mehr rauskommen. Zu wenig Schlaf, zu viel Alkohol und andere Drogen, zu viel Arbeit oder eben keine Arbeit. Du meintest doch auch letztens, dass du ab und zu Probleme mit dem Ein- und Durchschlafen hast, oder? Dann fang doch jetzt mal an, dich um dich selbst zu kümmern. Lieber jetzt, bevor es zu spät ist! Sich nicht um sich selbst zu kümmern, ist voll toxisch. Genauso wie das, was deine eine Freundin da immer mit dir abzieht. Ich habe letztens nämlich so einen Post gesehen, in dem beschrieben wurde, woran man toxische Menschen erkennen kann. Alles hat gepasst. Fast schon narzisstisch, dieses Verhalten! Und narzisstische Personen solltest du direkt aus deinem Leben verbannen. Fang jetzt an! Wieso hast du das eigentlich nicht schon viel früher gemacht? Mach doch wenigstens Yoga. Irgendwas, zwischendurch. Das nennt man Selbstfürsorge!

Kommt dir das bekannt vor? Was haben diese Sätze in dir ausgelöst? Es geht hier um Selbstfürsorge, oder Self-Care – wir leben schließlich in einer globalisierten Welt, und Anglizismen klingen immer besser, *you know?!* Besagte Self-Care erlebt derzeit einen regelrechten Hype. Bezogen sich die meisten Hypes in der Vergangenheit auf technologische Neuheiten, Taylor Swift oder auf süße, kanadische Boys – ja, ich meine damit Justin Bieber – ist der größte aktuelle Hype der um Selbstfürsorge, ihm ist nicht mehr zu entkommen. Aber die Hypes sind ja gar nicht so weit voneinander entfernt. Justin Bieber und Self-Care sind sich näher, als man vermuten würde. Schließlich mahnte er uns bereits 2015: „Oh baby, you should go and love yourself!" Also ein richtiger Selbstliebe-Pionier, der Justin. Wieso haben wir nicht damals schon auf ihn gehört? Oder auf RuPaul, die uns am Ende jeder Drag-Race-Episode entgegenruft: „If you don't love yourself, how in the hell are you gonna love somebody else? Can I get an amen?" Amen! Aber wie hat sich das vorhin angefühlt für dich? Dich so krass von jemand anderem, in diesem Fall von mir, zu mehr und besserer Selbstfürsorge drängen zu lassen? War das unangenehm für dich? Hat dich das gestresst? Falls ja, kann ich das absolut nachvollziehen. So fühle ich mich nämlich häufig, wenn ich online unterwegs bin und ständig damit konfrontiert werde, was gut für mich sein soll, was nicht und woran ich noch zu arbeiten habe.

Grundsätzlich ist es positiv, dass Themen rund um Selbstfürsorge vermehrt in den Fokus gerückt werden und für viele Menschen dadurch präsenter sind als jemals zuvor. Sich im stressigen Alltag Zeit für sich selbst zu nehmen – klingt doch erst mal ganz gut. Wir wollen beziehungsweise sollen schließlich arbeitsfähig und glücklich bleiben. Selbstfürsorge ist zwar auch Arbeit, aber die ist gut für dich! Arbeite an dir selbst, damit du arbeiten kannst. Aber wann habe ich je mal genug an mir gearbeitet? Wann ist das endlich vorbei? Und bevor ich diesen Gedanken zu Ende denken kann, ertönt es schon in meinem Kopf:

You want a hot body? You want a Bugatti?
You want a Maserati? You better work, bitch!

– Britney Spears

Work, work, work, work, work.

– Rihanna

Get your fucking ass up and work!
It seems like nobody wants to work these days.

– Kim Kardashian

Selbst Kim Kardashian hat es inzwischen erkannt: Wenn wir nicht arbeiten, egal wie und egal wann, dann machen wir etwas falsch! Arbeite an deinen Beziehungen und an dir selbst! Work, Workout, Afterwork, Breathwork, Coworking-Space, Network, Mindful Work, Workshop – verstehst du? „You better work, bitch!" Uns wird eingetrichtert, dass wir funktionieren müssen. Und das kann nur klappen, wenn du dir genug Zeit für dich selbst nimmst, um deine Balance aufrechtzuerhalten. Doch das ist nicht immer so einfach, und selbst Frau Kardashian wurde für ihre Aussage stark kritisiert und hat diese dann teilweise revidiert.

Was denn nun? Wie geht Selbstfürsorge? Man kann sie in den Alltag auf unterschiedlichste Weise integrieren. Sei es durch Meditation, einen Abend in der Badewanne oder das Lesen eines Buches. Self-Care ist wichtig und kann uns tatsächlich dabei helfen, nach Feierabend abzuschalten oder besser mit stressigen Situationen umzugehen. Wenn wir uns Zeit für uns selbst nehmen, dann sind wir gut zu uns selbst. Selbstfürsorge ist dementsprechend auch Selbstliebe – Justin Bieber hat es uns ja bereits vor Jahren gepredigt.

Trotzdem überkommt mich immer wieder das Gefühl, dass das mit der Self-Care ein bisschen außer Kontrolle geraten ist. Ich soll mir jetzt nämlich noch eine App herunterladen, damit ich noch besser einschlafen kann? Und ich habe online gelesen, dass progressive Muskelentspannung auch echt gut sein soll, um runterzukommen und sich zu entspannen. Aber als wäre es nicht genug, dass mir jeden Tag angezeigt wird, was ich noch tun könnte, um besser zu mir selbst zu sein, wird mir jetzt auch noch angezeigt, was alles schlecht für mich ist. Das ist toxisch, das ist nicht gut für dich, die manipuliert dich. „Sechs Zeichen einer toxischen Beziehung: So wirst du Energievampire noch heute los!", habe ich gerade erst gelesen. Sollte ich dir mal schicken, falls du das noch nicht gesehen hast. Das ist schließlich auch Selbstfürsorge und damit Selbstliebe. Zu erkennen, was mir guttut und was nicht. Narzissmus, Gaslighting, Love Bombing oder Toxic Positivity sind ja schließlich echte, fundierte Konzepte, die komplett Sinn ergeben und uns bezüglich toxischer Eigenschaften anderer Personen sensibilisieren und aufklären können.

Trotzdem werde ich das Gefühl nicht los, dass mittlerweile alles um mich herum toxisch und schlecht ist. Und sowieso mache ich viel zu wenig für mich selbst. Ich gehe zwar ab und zu mal ins Fitnessstudio. Aber ich meditiere nicht wirklich und mache Yoga nur dann, wenn ich dazu gezwungen werde. Eigentlich dachte ich immer, dass ich mich selbst mag und gut zu mir bin. Doch diese ganzen, teilweise pseudopsychologischen Inhalte haben mich verwirrt. Ist das mit der Social-Media-Self-Care vielleicht wie mit einem gut gemeinten Rat, der nach hinten losgegangen ist und alles nur noch schlimmer macht? Wie sieht's bei dir aus? Und was sagt Justin Bieber eigentlich dazu?

> Cause if you like the way you look that much
> Oh baby, you should go and love yourself
> And if you think that I'm still holdin' on to somethin'
> You should go and love yourself
>
> – Justin Bieber

Denn wenn du es selbst so sehr magst, wie du aussiehst, dann geh doch und liebe dich selbst? Habe ich das gerade richtig verstanden? *Love Yourself* ist also doch keine Selbstfürsorge-Hymne, sondern bloß ein Song gerichtet an seine Ex? Ein Lied, das Selena Gomez endgültig den Laufpass gibt? Ich glaube nicht, dass du mich noch mal lieben kannst. Lieb dich doch lieber selbst, und ich liebe ab jetzt Hailey. Also doch alles nicht so toll mit der Selbstliebe?

Findest du nicht auch, dass die ständige Konfrontation mit dem, was wir noch alles in unsere Routine integrieren sollten und was wir alles falsch machen, Druck auslöst? Self-Care ist inzwischen ein fester Teil unseres Selbstoptimierungswahns geworden. Noch eine neue, auf das Nervensystem entspannend wirkende Duftkerze kaufen, noch ein neues Yogastudio (mach doch mal ein Probetraining!), eine Online-Meditationsapp für nur 19,99 Euro monatlich, dafür aber dann das ganze Package. Die meinen es doch alle nur gut mit uns, oder? Wir können immer noch ein Stück besser sein, uns noch besser um uns selbst kümmern und einfach insgesamt ein besserer Mensch werden.

Das kann eine Menge Stress auslösen und uns im Hier und Jetzt unzufrieden machen. Wir vergleichen unsere Routinen mit denen von Fitness-Influencer:innen, die das hauptberuflich machen. Wozu echte professionelle Hilfe suchen und mich im echten Leben beraten lassen? Es gibt jetzt sogar Apps, die eine kognitiv basierte Therapie mit mir durchführen. Und da muss ich nicht sechs Monate auf einen Platz warten. Dabei stecken hinter Self-

Care-Posts oder Apps mit psychologischem Schwerpunkt selten echte Expert:innen, sondern meistens Menschen, die primär ein wirtschaftliches Interesse verfolgen. Das, was wir da online zu sehen bekommen, entspricht nicht unserer komplexen Realität, und wir können es nicht eins zu eins auf unser Leben übertragen. Trotzdem tun wir genau das immer wieder. Vielleicht geht es uns ja gerade deshalb nicht gut, weil wir immer wieder zu hören und zu sehen bekommen, was wir alles besser machen sollen. Löst das nicht genau das Gegenteil von dem aus, was es uns eigentlich vermitteln soll? Denn, wie schon gesagt – mich stressen diese ganzen Beiträge häufig sehr. Wir lassen uns von externem Content, von dem wir oft überhaupt nicht wissen, wer ihn erstellt hat, schnell verunsichern und leicht manipulieren.

Was wir trotzdem nicht vernachlässigen sollten, sind die positiven Seiten des Selbstfürsorge-Hypes: Dadurch, dass wir ständig mit Inhalten rund um Selbstfürsorge und Selbstliebe konfrontiert werden, bilden wir uns Stück für Stück weiter. Wenn sie von Expert:innen stammen, erhalten wir fundierte Informationen, die unser Mindset und unseren Alltag bereichern können. Wir können lernen, unser Verhalten und unsere Gefühle besser zu verstehen: Was sind eigentlich meine Grenzen? Wie lerne ich es, sie zu setzen? Wir lernen unterschiedlichste Entspannungsverfahren kennen und können versuchen, sie in unseren Alltag zu integrieren. Damit tun wir uns und unseren Liebsten etwas Gutes! Achtsamkeit, mehr im Moment sein. Sich weniger ablenken lassen und selbst wieder wahrnehmen. Viele hören davon das erste Mal auf Social Media.

Wie mit allen anderen Inhalten, die wir in unserem Leben konsumieren: Die Dosis macht das Gift! Wir sollten regulieren, wie viel Zeit wir mit Selbstfürsorge verbringen, und uns dafür (feste) Zeitrahmen schaffen. Zudem sollten wir uns nicht überstülpen, was sich für uns nicht authentisch anfühlt, und uns nicht selbst fertigmachen oder unter Druck setzen, wenn wir es mal nicht schaffen, unserer Routine nachzugehen. Self-Care kann uns dabei helfen, besser mit Ruhe umzugehen, uns selbst besser auszuhalten und lieben zu lernen. Selbstfürsorge ist die Grundlage für ein gesundes Leben. Doch wenn wir es mal nicht schaffen zu meditieren, ins Fitnessstudio zu gehen oder eine Stunde am Tag zu lesen, ist das auch okay. Wir sind keine Maschinen, sondern Menschen.

Wir sollten damit aufhören, voreilige Schlüsse über uns selbst und andere zu ziehen. Nur weil wir im Internet von fünf Warnzeichen für toxische Personen gelesen haben, heißt das nicht, dass wir diese Infos jetzt auf alle Menschen, die wir kennen, anwenden sollten. Wie sollen wir denn gesunde und funktionierende Beziehungen führen, wenn wir ständig nach Fehlern bei uns selbst und anderen suchen? Wenn, dann darf das nur Britney, die sich „Toxic“ patentieren lassen sollte, damit wir weniger nach toxischen Dingen bei uns oder in unserer Umgebung suchen. Wir sind gut, so wie wir sind. Und andere sind auch gut, so wie sie sind. Bevor wir Menschen auf der Grundlage von Online-Posts kategorisieren und verurteilen, sollten wir mit ihnen in den Austausch gehen und darüber sprechen. Grundsätzlich sollten wir damit aufhören, über andere Menschen zu urteilen, und damit anfangen, uns selbst zu beobachten und zu reflektieren. Wieso hat mich dieser Beitrag gerade so getriggert? Wieso suche ich immer nach toxischen Verhaltensweisen in anderen Menschen? Bevor wir nach Antworten auf Social Media suchen, sollten wir unsere eigenen finden. Es gibt nicht die richtige Art, sich selbst zu lieben. Self-Care sieht für jeden Menschen anders aus. Was für dich vielleicht genau das Richtige ist, ist für mich genau das

Falsche! Und falls uns doch alles über den Kopf wachsen sollte, gibt es im echten Leben immer genug Anlaufstellen, um uns Rat einzuholen. Sei es bei unseren Freund:innen, unserer Familie oder echten Expert:innen, etwa Psycholog:innen oder Ärzt:innen. Doch, wie wir jetzt gelernt haben, leider nicht bei Justin Bieber, der sich schon in die nächste Person verliebt hat!

Apropos ... wo wir gerade beim Thema sind.

TEIL 4

(DIE GROSSE) LIEBE!

... und sie lebten glücklich bis ... zu ihren Bindungsängsten

Die große Liebe: Was wir nicht schon alles über sie gehört haben. Walt Disney hat die Messlatte hochgesetzt: Die Schöne und das Biest, Arielle und Prinz Eric, Peter Pan und Wendy, Tarzan und Jane oder Troy und Gabriella. Aber nicht immer läuft alles so glatt (und heteronormativ) wie bei *High School Musical*. Statt „You are the music in me" dann doch eher „I gotta go my own way!". Sie alle erzählen uns von der Suche nach uns selbst in einer anderen Person. Und so läuft es auch häufig in der Realität ab. Unser tiefgehendes Bedürfnis nach Zuneigung, Nähe und Intimität stillen wir meist in romantischen Beziehungen. Einen Partner oder eine Partnerin finden, mit dem oder der wir die Liebe gemeinsam erleben können. Uns wird schließlich vorgelebt, dass wir jemanden an unserer Seite brauchen, um glücklich zu sein.

Aber wie soll die „große Liebe" in der heutigen Zeit denn bitte überleben? Wenn nach jedem Klick potenziell etwas Besseres auf uns wartet? Was bedeutet Liebe für dich? Wir werden nicht nur mit unseren eigenen Triggern, Traumata und ungelösten Konflikten konfrontiert, sondern auch mit denen von mindestens einer weiteren Person. FOMO hier, Warnhinweise für toxische

Beziehungen dort. Das Leben mit einer anderen Person zu teilen, gestaltet sich meistens schwieriger, als Disney es uns suggeriert. Besonders von außen, beziehungsweise von Satelliten im All, die unsere Internetverbindungen stabil halten, wirken immer mehr Eindrücke auf uns, die das Bild von Beziehungen nachhaltig verändern. Das traditionelle, uns eingebrannte Bild von Liebe und romantischen Beziehungen kommt immer mehr ins Wanken. Gibt es Liebe überhaupt noch? Ist Liebe gerade trending? Vorbei scheinen die Zeiten von „... und sie lebten glücklich bis an ihr Lebensende". Wenn mir etwas nicht passt, ist die nächste Romanze nur ein paar Klicks entfernt.

Doch Kapitulation sollte nicht die Lösung dieses Liebeskonflikts sein. Um die Zufriedenheit in unseren Beziehungen zu steigern, müssen wir uns an die veränderten Umstände anpassen. Wir leben nämlich in unsicheren Zeiten, und das spiegelt sich auch in unseren Beziehungen wider. Damals, als noch alles anders war, war Sicherheit für viele ein fundamentaler Teil der eigenen Identität. Hochzeit, Mutter, Vater, Kind, Haus, Hund und vor allem ein sicherer Job! Heute sieht das ein bisschen anders aus, denn „Du bist etwas ganz Besonderes!", „Du kannst alles auf der Welt sehen, haben und schaffen!", „Du hast wirklich nur das Beste vom Besten verdient!". Grundsätzlich spricht natürlich nichts gegen eine positive und optimistische Grundhaltung, welche die Selbstfindung und Selbstverwirklichung in den Mittelpunkt stellt. Sie kann sogar positive Effekte auf unsere mentale Gesundheit haben. „Du musst es nur genug wollen und dich anstrengen!" Es kann uns Mut machen, wenn wir lesen und hören, dass sich Menschen ohne Privilegien bis an die Spitze gearbeitet haben.

Aber schaffen wir mit solchen Leitsätzen nicht eigentlich sehr viel Druck und eine kompetitive Umgebung, also weiteres Futter für unsere Ellenbogengesellschaft? Was macht das mit unserer

Offenheit dafür, uns zu binden? Wieso soll man sich überhaupt noch binden, wenn wir alles und jeden haben können, angeblich. Was macht das mit unseren ohnehin schon bestehenden Verlust- und Bindungsängsten? Wie lässt sich unser Verlangen nach Selbstfindung und -verwirklichung mit unserem Bedürfnis nach Nähe und Intimität kombinieren? Wie funktioniert Liebe im digitalen Zeitalter? „Das Gesetz der Anziehung“ oder doch eher die Fähigkeit zur konstruktiven Kommunikation? Sie haben Ihr Ziel erreicht: Endstation Liebe!

Doch bevor wir dort ankommen, sind wir lange Zeit allein, sogenannte Singles, auch wenn wir lieber ein Album oder vielleicht sogar eine Playlist wären. Was ist mit den „Alleinstehenden“ unter euch, fühlt ihr euch inmitten der Beziehungsratschläge nicht auch ein bisschen vernachlässigt? Als Singles, vor allem wenn wir mit niemandem intim sein können oder niemandem (körperlich) nahe sind, fühlen wir uns häufiger einsam und suchen deshalb nach unserer besseren Hälfte. Wir gehen auf Dates und geben alles, um statt allein, gemeinsam einsam zu sein. Dabei wird uns immer wieder weisgemacht, dass Dating eigentlich doch super viel Spaß macht. Uns wird das Bild vermittelt, dass das Leben als Single, mit allem, was dazugehört, ruhig, nicht angespannt und trotzdem voller Abenteuer ist.

Doch das entspricht nicht wirklich der Realität. Das Leben als Single kann sich für uns sehr unsicher und sehr leicht verwundbar anfühlen. Deshalb entwickeln viele von uns, ob bewusst oder unbewusst, Regeln für das Leben als Single und für Dates, um sich selbst zu schützen. Um sich davor zu schützen, verletzt zu werden. Oder davor, verlassen zu werden. Nachvollziehbar, vor allem wenn man in der Vergangenheit schon öfter enttäuscht wurde. Eine häufige Schlussfolgerung: Wenn wir unsere eigenen

Erwartungen an andere Personen niedrig halten, können wir auch nicht so leicht verletzt werden. Doch negative Gefühle gehören genauso zu unserem Leben dazu wie positive, deshalb sollten wir uns von schlechten Erfahrungen nicht zu sehr einschränken lassen, nicht versuchen, solche Erfahrungen aktiv zu vermeiden, oder unsere Vorstellung von Liebe aufgeben. Die Angst vor einer erneuten Verletzung kann letztendlich zu Einsamkeit führen. Statt unsere Zufriedenheit von unserem Beziehungsstatus abhängig zu machen, sollten wir unser eigenes Wohlbefinden in den Mittelpunkt stellen und nett zu uns selbst sein. Behandle dich so, wie du von anderen behandelt werden möchtest: verständnis- und liebevoll!

Nächste Runde im Single-Bingo: Oft wird uns gesagt, dass wir nicht nach der Liebe suchen sollten, sondern dass sie uns irgendwann begegnen wird. Allerdings ist das nicht ganz richtig, denn wenn wir uns eine Beziehung wünschen, dann müssen wir uns aktiv um diese bemühen. Dates sind in der heutigen Zeit ein essenzieller Aspekt, wenn es darum geht, schließlich sind wir ja nicht bei *Game of Thrones*, wo schon ganz klar ist, wer sich mit wem paart, damit die Blutlinie auch schön rein bleibt. Wir können entweder allein oder mit Freund:innen ausgehen oder (Dating-)Apps nutzen, um uns mit neuen Leuten zu verbinden und diese besser kennenzulernen. Um uns aber nicht zu sehr in anderen Menschen zu verlieren, sondern in erster Linie bei uns selbst zu bleiben, sollten wir unseren eigenen Gefühlen und Bedürfnissen vertrauen und uns, vor allem, während wir jemanden kennenlernen, im Hier und Jetzt fragen, wie wir uns mit unserem Gegenüber fühlen. Fühlst du dich wohl? Wirst du zum Lachen gebracht? Musst du dich verstellen? Oder kannst du so sein, wie du bist? Ordne dich nicht unter, wenn du gerade jemanden kennenlernst, sondern sprich über deine Wünsche, Bedürfnisse und Vorstellungen. Egal ob am Anfang oder zu einem späteren Zeitpunkt im Dating-Prozess: Für sich selbst einzustehen ist eine Stärke und die einzige Möglichkeit, authentische und gesunde Beziehungen zu führen. Das hat auch damit zu tun, deinem Gegenüber die Möglichkeit zu geben, dich kennenzulernen!

In Sachen Dating gibt es bei uns allen noch Verbesserungsbedarf. Zum Beispiel sollten wir damit anfangen, es als fehlendes Interesse zu bewerten, wenn sich jemand uninteressiert zeigt. Wenn uns jemand gemischte Signale sendet, fangen wir häufig an, nach Hinweisen zu suchen, die für potenzielles Interesse sprechen. Wir analysieren dann beispielsweise Chatverläufe und besprechen diese mit unseren besten Freund:innen bis aufs kleinste Detail. Findest du aber nicht auch, dass wir damit aufhören sollten, emotional nicht verfügbaren oder zumindest nicht interessiert erscheinenden Menschen hinterherzulaufen? In gewisser Weise ist das nämlich eine Form von Selbstsabotage und der Ausdruck eines geringen Selbstwertgefühls. Wir gaslighten uns selbst, weil wir unserer eigenen Wahrnehmung und unseren eigenen Gefühlen nicht trauen. Wir ignorieren (eindeutige) Zeichen, um die Kontrolle über die Geschichte in unserem Kopf nicht zu verlieren, suchen möglicherweise sogar die Fehler bei uns selbst und denken, dass wir unsere Unsicherheiten dadurch kompensieren können, was sie letztendlich jedoch nur verstärkt.

Wenn wir unsere eigenen Trigger, Sorgen, Ängste, Wünsche und Bedürfnisse nicht erkennen und kommunizieren können, dann wiederholen wir in unseren Beziehungen als Erwachsene möglicherweise nur die Muster, die wir in der frühkindlichen Beziehung zu unseren Eltern oder Bezugspersonen erlernt haben. Das Thema hatten wir ja schon. Nachrichten und Beiträge aus Angst vor Ablehnung zu analysieren, ist eine Form von Selbstschutz.

Dating ist jedoch kein Detektivspiel. Wir sind Teil der Dynamik jeder unserer Beziehungen, und wenn wir uns unsicher sind oder Fragen haben, dann sollten wir einfach nachfragen und keine Angst vor den Antworten haben. In unseren erwachsenen Beziehungen sollten wir mit unserem Gegenüber schließlich auf Augenhöhe agieren und uns nicht vor Bestrafung fürchten. Wenn wir bei der Person, die die Unsicherheiten betreffen, direkt nachfragen, dann erhalten wir schneller eine Antwort, als wenn wir zuerst mit allen anderen ein Gutachten erstellen.

Grundsätzlich sollten wir uns nicht von zu strengen Dating-Regeln einschränken lassen. Alles ist in Ordnung, solange beide Personen einverstanden sind und du dich wohl und sicher fühlst. Weg mit starren Geboten und Verboten, hin zu einem Leben im gegenwärtigen Moment. Die einzig wirklich konstruktive Dating-Regel lautet: Sei du selbst und sei präsent, egal wie dein Date ausgeht. Alles gut gelaufen? Zufrieden? Dann fühle dich in dieses Gefühl ein und genieße es. Wenn du abgelehnt wirst, dann fühle dich in das schwere und traurige Gefühl ein – lass es zu! Fang nicht damit an, dieses negative Gefühl auf dich als Person zu beziehen und Theorien darüber aufzustellen, wieso du abgelehnt wurdest. Wenn du noch niemandem begegnet bist, mit dem du dir ein zweites Date vorstellen konntest: Lass die daraus entspringenden Gefühle zu, seien es Hoffnungslosigkeit oder Verzweiflung, anstatt dich in verallgemeinernden Katastrophengedanken zu verlieren wie: „Ich werde mich nie wieder in jemanden verlieben!"

Dann dauert es vielleicht gar nicht mehr so lange und du bist endlich wieder verliebt oder sogar in einer festen Partnerschaft! Doch auch mit Blick auf unsere potenziellen Partner:innen bestehen einige Missverständnisse. Was die alles leisten sollen!

Anforderungen an Beziehungen sind inzwischen fast so hoch wie die Kosten der Ausbildung zur psychologischen Psychotherapeutin und zum psychologischen Psychotherapeuten! Unsere Vorstellung von Liebe ist – nicht nur dank Walt Disney – oft sehr unrealistisch und basiert in vielen Fällen auf bloßen Wunschvorstellungen. „Glücklich bis an ihr Lebensende", die oder der „Eine" (die Eine oder Keine), Seelenverwandtschaft, der oder die „Richtige". Alles Lügen! Wir suchen nach unserem *Perfect Match*, doch das gibt es nicht wirklich, auch wenn Sophia Thomalla uns bei *Are You The One?* etwas anderes vormacht.

Von einigen der folgenden Beziehungsmythen wirst du wahrscheinlich schon mal etwas mitbekommen haben. „Doch es wird Zeit, Sie darüber aufzuklären, welche Storys der Wahrheit entsprechen und welche frei erfunden sind", um es mit Jonathan Frakes von *X-Factor* zu sagen. Also gehen wir ihnen auf den Grund:

Liebe ist bedingungslos!

Schon mal gehört, oder? Wir wünschen sie uns doch alle, die bedingungslose Liebe. Doch kleiner Dämpfer: Die Einzigen, die uns bedingungslose Liebe geben sollten und können, sind unsere Eltern oder unsere ersten Bezugspersonen. Erwachsene Beziehungen sind an Bedingungen geknüpft, ansonsten führt es schnell zu toxischen Dynamiken. Grenzen sind zum Beispiel eine wichtige Grundlage unserer Beziehungen. Würdest du noch dann bedingungslos lieben, wenn du missbräuchlich behandelt und immer wieder angelogen oder hintergangen wirst? Opferst du dich im Namen der Liebe auf? Oder wahrst du deine Grenzen und stehst für dich ein? Wenn wir uns in unseren Beziehungen und Partnerschaften nicht mehr bemühen, kein respektvoller Umgang herrscht oder unsere Grenzen immer wieder überschritten werden, dann können und sollten diese zum Wohle unserer eigenen Gesundheit auch enden (dürfen). „Diese Geschichte verdanken wir der blühenden Fantasie unseres Autors. Sie ist Fiktion!"

Wenn du die richtige Person gefunden hast, dann musst du dich nicht mehr bemühen oder Arbeit in die Beziehung stecken!

Ob da was dran ist? Nein, denn „diese Geschichte ist frei erfunden!". Wenn es doch nur so einfach wäre und Beziehungen ohne jegliche Bemühungen funktionieren könnten. Hinter funktionierenden Beziehungen stecken nicht nur Glück, sondern vor allem harte Arbeit und Commitment. Commitment bedeutet in Beziehungen, wenn wir uns fest für unseren Partner oder unsere Partnerin entscheiden und Energie in diese Beziehung investieren. Commitment bedeutet dabeizubleiben, auch in Momenten, in denen es schwierig wird. Wir müssen uns jeden Tag neu dazu committen beziehungsweise verpflichten, dass wir unsere Beziehungen und Partnerschaften aufrechterhalten möchten. Auch wenn wir die „richtige" Person (für uns) gefunden haben, müssen wir weiterhin gemeinsam arbeiten.

Du darfst nicht eifersüchtig sein!

Wir dürfen keine anderen Menschen mehr attraktiv finden, und das am besten bis ans Ende der Zeit, schließlich sind wir nun in einer Beziehung! Hinter diesem Mythos steckt oft Eifersucht: Die Angst vor dem Verlust unserer geliebten Person. Kommt sie permanent auf, kann sie einen negativen Einfluss auf unsere Beziehungen haben. Dabei ist gelegentliche, situationsbedingte Eifersucht normal, gesund und kein Grund zur Unruhe. Sie ist keine Entscheidung, sondern ein Gefühl. Wie gehst du mit deiner Eifersucht um? Es kann uns helfen, mit unseren Partner:innen über diese Gefühle zu sprechen. Offene Kommunikation anstelle von Vorwürfen, Bestrafungen oder passiv-aggressivem Verhalten. Problematisch ist Eifersucht dann, wenn sie aus einem mangelnden Selbstwertgefühl resultiert, wir unseren Partner:innen nicht mehr vertrauen und/oder uns in den negativen Gedanken verlieren.

Liebe darf dich nicht triggern!

Wieso denn nicht? Dass wir durch alte Traumata oder ungelöste Konflikte in unseren Partnerschaften getriggert werden können, liegt auf der Hand. Das wird, egal wie intensiv wir uns mit uns beschäftigt haben, auch in gewissem Maße immer bleiben. Wenn wir uns kennengelernt haben und uns selbst reflektieren, dann entwickeln wir ein Bewusstsein für unsere Trigger, was aber nicht heißt, dass wir nicht wieder in diesen Themen getriggert werden könnten. Beziehungen können ein Teil unseres Heilungsprozesses sein, wenn sie den Rahmen bieten, unsere Gedanken und Gefühle konstruktiv und offen zu teilen.

Es darf keinen Streit geben!

Doch, den darf es geben, denn keine Beziehung und kein Mensch ist perfekt. Maßstäbe solcher Art sollten nicht an unsere Beziehungen angelegt werden, da das Bedürfnis nach Perfektion meist aus einem Gefühl der Unsicherheit heraus entsteht. Wir wollen die Kontrolle behalten, doch das ist nicht möglich. Wir dürfen und müssen in unseren Beziehungen und Partnerschaften auch mal Fehler machen, das ist menschlich und sollte nicht abgestraft werden. Konflikte gehören dazu und sind nicht immer gleich Gaslighting, toxisch oder ungesund. Wir müssen lernen, mit Konflikten umzugehen, denn nicht die Konflikte an sich sind das Problem, sondern wie wir diesen begegnen. Wenn wir die Meinung oder den Standpunkt unseres Gegenübers vehement nicht nachvollziehen können oder wollen und nicht dazu fähig sind, Konflikte zu klären – erst dann besteht ein Problem. Statt Konflikte zum Austragungsort von Machtspielchen zu machen und uns ständig damit zu beschäftigen, wie wir diese vermeiden oder in ihnen recht behalten können, sollten wir versuchen, gemeinsam an einem Strang zu ziehen und Lösungen für aufkommende Probleme zu finden. Denn auch wenn es zunächst nicht so scheint, kann das erfolgreiche Lösen eines Konflikts uns sogar noch näher zueinanderbringen und das gemeinsame Fundament stärken. Schlechte Kommunikation ab und an ist allerdings auch normal, und wir sollten lernen, geduldiger und gnädiger mit unserem Gegenüber zu werden.

Wir dürfen nie Zweifel haben!

Doch, Zweifel gehören dazu, denn Liebe kann sich manchmal komisch anfühlen und uns triggern. Wenn wir unzufrieden sind, kann es dazu kommen, dass wir uns und unsere Beziehungen hinterfragen und an ihnen zweifeln. Das ist normal und kein Warnsignal. Im Gegenteil: Dadurch beschäftigen wir uns intensiver mit unseren Gefühlen, Wünschen und Bedürfnissen, wovon unsere Beziehungen profitieren können. Wir müssen lernen, mit unseren Partner:innen zu diskutieren und zu verhandeln, und sollten keine Angst vor Unterschieden haben. Statt gegeneinander angehen aufeinander zugehen!

Du darfst dich nicht selbst verlieren!

Wie oft wurdest du während Partnerschaften von deinen Freund:innen schon darauf hingewiesen, dass du dich verändert hättest? Uns wird oft gesagt, wir sollten immer so bleiben, wie wir sind, doch manchmal kann man sich selbst in der eigenen Partnerschaft ein wenig verlieren. Das ist vollkommen in Ordnung und normal, denn in einer Beziehung schaffen wir zusammen mit unseren Partner:innen ein neues, gemeinsames Leben. Eine Dynamik, die unseren Alltag, und damit auch uns verändern kann. Es kann in einigen Situationen dazu kommen, dass wir mal mehr nehmen, als wir geben. Und auch das ist okay. Die Balance macht es aus! Mit Blick auf unsere Partnerschaften bedeutet das: Wenn wir uns aufeinander verlassen und uns gemeinsam (weiter-)entwickeln können, ohne abhängig voneinander zu sein, ist das normal und gesund!

Deine Partner:innen müssen auf alle deine Bedürfnisse eingehen!

Genau wie wir nicht der Besitz unserer Eltern oder Bezugspersonen sind, sind unsere Partner:innen auch nicht unser Besitz. Sie wurden nicht dafür geboren, uns glücklich zu machen, und können auch nicht alle unsere Bedürfnisse erfüllen. Wenn wir das von unseren Partner:innen erwarten, löst das enormen Druck aus. Statt sich auf das zu konzentrieren, was uns fehlt, sollten wir den Fokus eher auf die positiven Dinge legen. Was gibt uns diese Beziehung? Die Devise lautet: Dankbarkeit statt Selbstverständlichkeit.

Red Flag, wenn du enttäuscht wirst, dich langweilst oder du mal traurig bist. Schon mal gehört? Ich sage: Wir können und dürfen von unseren Partner:innen auch mal genervt oder beleidigt sein. Negative Gefühle, Konflikte, Streit, Enttäuschung, Vergebung und Toleranz gehören zu einer gut funktionierenden Beziehung dazu. Nur so können wir uns mit unseren Partner:innen sicher fühlen. Der Umgang mit diesen Themen in unseren Beziehungen kann ihre Stabilität gut vorhersagen.

„Können Sie Wahrheit von Lüge unterscheiden? Dazu müssen Sie über Ihr Denken hinausgehen und Ihren Geist dem Unglaublichen öffnen. Wenn Sie bereit sind, Ihren Blickwinkel zu ändern, werden Sie die Wahrheit herausfinden!" Jonathan Frakes hat es schon immer gewusst. Und auch bei den soeben genannten Vorstellungen von Beziehungen und Partnerschaften handelt es sich eher um Fantasien, die wir loslassen sollten, wenn wir glücklich und zufrieden sein wollen. Wir romantisieren unsere Beziehungen, lassen sie in einem idealisierten Licht erscheinen. Wir verklären unsere Partnerschaften und haben die rosarote Brille auf. Das kann uns im Dschungel der Liebe kurzfristig das Gefühl von Sicherheit und Orientierung geben. Doch nicht immer ist in Partnerschaften alles romantisch oder rosarot. Der Himmel färbt sich manchmal grau, alle Beziehungen haben individuelle Herausforderungen und kosten Bemühungen. Statt uns an unrealistische Regeln und Ideale zu halten, sollten wir uns im ständigen Austausch mit unseren Partner:innen befinden und Kommunikation zur Grundlage machen.

Bad Romance – Vergiftete Liebe

Egal wie wir es drehen und wenden, wie viel Energie wir investieren oder wie sehr wir uns bemühen: Manche Beziehungen tun uns nicht gut und weisen eine ungesunde Dynamik auf, sie sind „toxisch", also giftig beziehungsweise schädlich. Der Begriff „toxische Beziehung" – derzeit in aller Munde – wird häufig verwendet, um ungesunde Verhaltensmuster von Personen in dysfunktionalen intimen Beziehungen zu beschreiben. Die toxische Beziehung ist dabei weder eindeutig definiert noch ein wissenschaftlicher Terminus. Sie beschreibt eine Beziehung, in der es zu körperlichem, vor allem aber seelischem Missbrauch kommt.

Toxische Beziehungen sind demnach eine Form von häuslicher Gewalt. In ihnen werden Personen systematisch unterdrückt, um langfristig die Macht und Kontrolle über sie zu gewinnen und aufrechtzuerhalten. Das kann durch diverse Grenzüberschreitungen und Manipulationstaktiken, wie zum Beispiel Gaslighting, erfolgen.

Das Tückische an toxischen Beziehungen: Wir können ungesunde Verhaltensmuster nicht immer so leicht erkennen. Bei körperlicher Gewalt ist schnell klar, dass etwas nicht richtig läuft, und wir wissen vergleichsweise früh, dass Handlungsbedarf besteht. Auch wenn es nicht leicht ist, sich aus dieserart gewaltsamer Beziehung zu befreien. Psychische Gewalt ist nicht immer unmittelbar als solche zu erkennen. Doch auch psychische Gewalt ist echte Gewalt, vor der wir uns schützen sollten. Kennst du jemanden in deinem Umfeld, der oder die sich aktuell in einer toxischen Beziehung befindet? Hast du schon Erfahrungen mit einer oder vielleicht sogar mehreren gemacht? Wie gehst du damit um, wenn dich jemand respektlos behandelt und deine persönlichen Grenzen überschreitet? Lässt du dir das gefallen? Was sagst du dann? Wie fühlst du dich? Wie lange bleibst du? Oft wissen wir intuitiv, dass etwas nicht stimmt, doch wir finden immer wieder Entschuldigungen und Ausreden dafür, wieso wir bleiben. Auch wir können uns schließlich noch verbessern und sind nicht perfekt, oder? Doch das stimmt nicht immer, denn wenn wir systematisch unterdrückt werden, geht es ja gar nicht darum, dass wir uns verbessern.

Zu erkennen, wann eine Beziehung wirklich ungesund und dysfunktional ist, ist in der Praxis nicht immer so einfach, wie es in der Theorie scheint. Das liegt auch daran, dass toxische Liebe seit jeher romantisiert wird: „I want your ugly, I want your disease/I want your everything as long as it's free!" Erinnerst du dich? „I want your love, and I want your revenge/You and me could write a bad romance!“ Lady Gaga veröffentlichte 2009 die Hymne der toxischen Beziehungen. Wir könnten einwenden, dass die Gesellschaft 2009 noch nicht wirklich woke war. Doch jetzt der Schocker: 2021, im tiefsten und härtesten Lockdown, gab *Bad Romance* das Zepter der toxischen Liebeshymnen weiter an *drivers license*-Interpretin Olivia Rodrigo, Arbeitgeber: Disney!

Wie bitte? Disney steckt nicht mehr nur hinter der Implementierung von unrealistischen und unerreichbaren Beziehungsvorstellungen in unseren Köpfen, sondern unterstützt jetzt sogar bei der Romantisierung und Glorifizierung von toxischen Beziehungen? „And I just can't imagine how you could be so okay now that I'm gone/Guess you didn't mean what you wrote in that song about me/'Cause you said forever, now I drive alone past your street!“ Olivia, was treibst du denn da in der Dunkelheit in seiner Straße? Wieso machst du das? „Cause I still fuckin' love you, babe (ooh, ooh, ooh, ooh)!“

Ms. Rodrigo sollte sich aber mal eine Sache sagen lassen: Liebe ist nicht immer das Einzige, das zwei Menschen verbindet. Manchmal sind es auch sogenannte trauma bonds oder Traumabindungen. Darunter versteht man emotionale Bindungen zu einer Person, die aus einem wiederkehrenden Muster von (emotionalem) Missbrauch entstehen und die durch Manipulationen, Belohnungen und Bestrafungen aufrechterhalten werden. Beste Voraussetzung für Traumabindungen bietet zudem ein Machtungleichgewicht. Typisch dafür ist sehr wechselhaftes interpersonelles Verhalten: In dem einen Moment love bombing, im nächsten ist man Opfer verbaler Angriffe. Also in etwa: „Er liebt mich, er liebt mich nicht …“

Wenn wir uns nicht von toxischen Beziehungen lösen, dann können wir Opfer von seelischem Missbrauch werden und dabei eine emotionale Bindung zu den Täter:innen eingehen. Es fällt uns schwer, zu gehen und die Beziehung zu beenden, weil wir systematisch manipuliert wurden – egal ob bewusst oder unbewusst – und wir uns zu unsicher und in unseren Traumata getriggert fühlen. Doch wir sollten uns bewusst machen: Eine wahre Verbindung hat ihren Ursprung in unserem Herzen. Eine traumatische Bindung hat ihren Ursprung in unserem Kopf, genauer gesagt in unserem Verstand, denn Traumabindungen basieren auf psychologischen und kognitiven Prozessen. Was genau damit gemeint ist? Wir werden beim Trauma Bonding in unseren Traumata getriggert und fühlen uns nicht sicher genug, um eine Entscheidung zu treffen. In toxischen Beziehungen bindest du dich durch deine Gedanken, in der Liebe verbindest du dich mit deinem Herzen.

Toxische Beziehungen und seelischer Missbrauch wurden selten so sehr hinterfragt wie heute. Einer ihrer Entstehungsfaktoren kann ein Machtungleichgewicht sein, was sich beispielsweise auf klassische, veraltete Rollenbilder gründet. Männer wollen und sollen dominieren, Raum für Schwäche darf es nicht geben. Frauen wollen dominiert werden, richten ihr Leben nach ihrem Partner aus und ordnen sich insgesamt unter. Es besteht kein Verhältnis auf Augenhöhe – beste Voraussetzungen für ungesunde Beziehungen. Auch unabhängig davon können wir uns oft in Beziehungen wiederfinden, die uns nicht guttun. Woran das liegt, unterscheidet sich von Person zu Person. Darüber hinaus können sich gesunde Beziehungen in toxische entwickeln.

In Filmen und Serien wird die toxische Liebe glorifiziert und romantisiert. Wir sehen zwar häufig, wie die Held:innen unserer Bildschirme sich wieder versöhnen und zueinanderfinden, das sogenannte Happy End, aber selten, wie es danach weitergeht. Wie geht es mittlerweile eigentlich Chuck und Blair? Sind Summer und Seth noch verheiratet? Hat Gabrielle Solis wieder eine Affäre mit ihrem Gärtner angefangen, oder ist sie Carlos endgültig treu geblieben? Nur hinter den Kulissen Hollywoods dürfen wir tragische Liebesgeschichten und böse Schlammschlachten miterleben. Brad Pitt und Angelina Jolie in: „Das tragische Ende von Brangelina: Späte Rache für Jennifer Aniston!“ Oder Jennifer Lopez und Ben Affleck in: „Bennifer: Liebesreunion from the block!“

„Liebes Publikum, vielen Dank für Ihre Aufmerksamkeit. Das war *Exclusiv – Weekend* mit Frauke Ludowig. Wir schalten zurück von Los Angeles nach Berlin!“ – Vielen Dank, liebe Frauke! Jetzt aber zurück in unsere Realität. In toxischen Beziehungen verschieben wir unsere eigenen Grenzen, um verständnisvoll zu sein und die Beziehung aufrechtzuerhalten. Konflikte werden missbräuchlich, und wir können uns immer weiter in der Dynamik verlieren, uns schwerer aus dieser ungesunden Spirale befreien. Deshalb ist ein Bewusstsein für unser eigenes Konfliktverhalten wichtig, um besser agieren zu können, wenn wir uns in einem Streit wiederfinden. Wie verhältst du dich denn während oder nach einem Konflikt? Nimmst du die ganze Schuld auf dich, um den Frieden, die Harmonie und damit die Beziehung zu sichern? Übernimmst du Verantwortung für dein eigenes Verhalten und deine Bedürfnisse, oder steckst du in der Opferrolle fest? Welchen Teil hast du zu dieser Dynamik beigetragen? Liegt es immer an den anderen oder auch mal an dir? Internalisierung oder Externalisierung?

Wenn wir externalisieren, dann geben wir die Verantwortung für alle Ursachen, Entscheidungen und Folgen nach außen ab. Es liegt immer an den anderen, aber nie an dir. „Er ist schuld daran, dass es so weit gekommen ist!“, „Es liegt alles nur an ihr!“ oder auch „Ich kann nichts dafür, ich habe keine Fehler gemacht!“, „Ich habe mal wieder echt Pech gehabt!“. Damit befreien wir uns selbst von der Verantwortung für unser Verhalten und den daraus resultierenden Konsequenzen, aber verwehren uns auch der Möglichkeit, etwas zu verändern. Wir nehmen uns selbst Handlungsmacht und geben uns, wenn wir ständig externalisieren, eine passive Rolle.

Wenn wir internalisieren, dann suchen wir die Ursachen bei uns und geben einzig und allein uns die Verantwortung für die Entstehung und den Verlauf von Konflikten und deren Folgen. Wenn etwas falsch läuft, dann liegt es an mir! „Kein Wunder, dass wir uns ständig streiten, ich kann manchmal halt echt nervig sein!“, „Ich stelle mich echt immer dumm an!“ oder „Ich hätte es gar nicht erst ansprechen sollen!“. Wir haben in solchen Fällen aus Angst vor negativen Konsequenzen Schwierigkeiten damit, unsere Bedürfnisse und Ansprüche durchzusetzen.

In welcher der beiden Kategorien würdest du dich verorten? Externalisierst oder internalisierst du eher? Schwierig, das so verallgemeinert zu beantworten, findest du nicht? Es ist nicht einfach, eine eindeutige Antwort auf diese Frage zu finden, da sich unser Umgang mit Konflikten von Situation zu Situation unterscheiden kann. Wichtig ist, dass das Verhältnis ausbalanciert ist: Es liegt nicht immer nur an den anderen oder an uns selbst, sondern alle beteiligten Personen und Umstände tragen ihren Teil bei.

Jede Beziehung bringt eigene Dynamiken zum Ausdruck, und wir können nur gemeinsam etwas an ihr ändern. Schuldzuweisungen, egal ob sich selbst oder anderen gegenüber, sind an dieser Stelle nicht wirklich hilfreich.

Wir können uns Beziehungen wie einen Spiegel vorstellen: Wir projizieren unsere eigenen Unsicherheiten, Konflikte und Themen auf unser jeweiliges Gegenüber, deshalb sind es auch immer wieder eigene Aspekte unserer Persönlichkeit und Erfahrungen oder eigene Konflikte und Unzufriedenheiten, die wir auf andere projizieren, wenn wir mit etwas unzufrieden sind. Wenn wir in unseren Beziehungen genau hinsehen und aufmerksam genug sind, dann können wir erkennen, wer wir selbst sind und was unsere eigenen „Problemthemen“ sind. Die Schwierigkeit liegt darin, diesen Blick auszuhalten. Wir sollten uns selbst darauf trainieren, uns kritisch, aber realistisch zu hinterfragen und zu reflektieren, wofür wir verantwortlich sind und was wir dementsprechend selbst ändern können. Entwickeln wir ein solches Verständnis nicht, dann können wir auch keine Zufriedenheit in unseren Beziehungen erlangen, weil wir vor uns selbst weglaufen. Wir sollten unser Leben aktiv mitgestalten und darauf vertrauen, dass unsere Gedanken und Gefühle wichtig und real sind. Uns selbst dazu motivieren, für uns und unsere eigenen Bedürfnisse einzustehen. Es geht hierbei um eine aktive Mitgestaltung der Beziehung als Quelle von Selbstwertgefühl, Selbstbewusstsein und Kraft. Dabei vielleicht auch die eigenen Erwartungen an unser Gegenüber anpassen. Mit anpacken und Arbeit investieren! Tun wir das alles nicht, wiederholen wir eigentlich nur die Hilflosigkeit aus unserer Kindheit und erleben als Erwachsene in gewisser Weise eine zweite Kindheit, in der wir uns missbräuchlichem oder toxischem Verhalten hilflos ausgeliefert fühlen. Aber wir sollten raus aus der Passivität und rein in die Aktivität!

Falls du dich jetzt fragst, wie man das am besten machen kann, dann habe ich auch darauf eine Antwort für dich: Kommunikation! Also Verständigung durch die Verwendung von Zeichen und Sprache. Sie kann verbal erfolgen, also mit Worten, aber auch nonverbal, also ohne Worte, zum Beispiel durch Mimik oder Gestik. Wenn wir friedlich mit anderen Menschen umgehen wollen und uns gesunde Beziehungen wünschen, dann müssen wir nicht nur darauf achten, was wir sagen, sondern auch wie wir es sagen. Unsere Gefühle können wir nicht kontrollieren, unsere Reaktionen aber schon! Es folgt ein Kommunikationsexkurs, der mit dem sogenannten „Vier-Seiten-Modell“ vom Kommunikationspsychologen Friedemann Schulz von Thun startet.

(Miss-)Kommunikation – Die Macht der Sprache

Was sind die Unterschiede zwischen gelungener und misslungener Kommunikation? Wir meinen das eine, doch bei unserem Gegenüber kommt etwas ganz anderes an? Dinge, die wir versuchen, so freundlich wie möglich zu kommunizieren, stoßen unserem Gegenüber übel auf? Manchmal verstehen wir uns, manchmal eben nicht. Doch wieso kommt es in unserer Kommunikation so häufig zu Missverständnissen? Um auf diese Fragen Antwort zu geben, kann das Vier-Seiten-Modell von Friedemann Schulz von Thun nützen. Das Modell kann dabei helfen, Kommunikation, die durch Missverständnisse gestört ist, zu beschreiben, um Probleme in der kommunikativen Beziehung ausfindig zu machen. Jede Nachricht, die wir senden, wird in diesem Modell nämlich unter vier Aspekten oder Ebenen beschrieben: Sachinhalt, Selbstkundgabe, Beziehung und Appell. Diese vier Ebenen bezeichnet Schulz von Thun als die „vier Seiten einer Nachricht“. Er geht davon aus, dass gestörte Kommunikation sich auf ein unterschiedliches Verständnis beziehungsweise eine unterschiedliche Gewichtung der einzelnen Ebenen zurückführen lässt. Der Sender einer Nachricht priorisiert dann eine andere Seite der Nachricht als der Empfänger. Kommunizierte Nachrichten sind also verschieden interpretierbar, kommen beim Empfänger demnach anders an, als vom Sender beabsichtigt.

Folgendes Beispiel soll Kommunikation illustrieren, die durch Missverständnisse auf den unterschiedlichen Ebenen gestört ist:

Heidi und Tom sitzen gemeinsam beim Dinner in ihrer Villa auf Ibiza. Dann bemerkt Tom, dass Heidi schon lange kein gemeinsames Video mehr auf Instagram hochgeladen hat, und fragt sie: „Wieso hast du eigentlich so lange kein Video mehr von uns gepostet?“ Er meint diese Frage weder böse noch wertend, doch Heidi reagiert gereizt: „Tom, wenn dir mein Content nicht gefällt, dann kannst du es ja besser machen und auch mal ein Video von uns posten!“ Die Nachricht ist auf den verschiedenen Ebenen bei Heidi anders angekommen, als Tom es beabsichtigt hat.

Die erste Ebene ist die Sachebene. Auf dieser Ebene kommuniziert der Sender, in diesem Fall Tom, die reine Information, also beispielsweise Daten, Fakten oder Zahlen. Auf der Ebene herrscht nur sehr wenig Interpretationsspielraum. Die Empfängerin, in diesem Fall Heidi, ordnet die sachlichen Informationen ein und beurteilt diese mit verschiedenen Kriterien wie wahr/unwahr oder relevant/irrelevant. Die Nachricht „Wieso hast du eigentlich so lange kein Video mehr von uns gepostet?“ kam auf der Sachebene bei der Empfängerin so an, wie vom Sender beabsichtigt: „Du hast lange nichts mehr von uns gepostet.“

Die zweite Ebene ist die Selbstkundgabe, denn in jeder Nachricht offenbart der Sender die eigene Persönlichkeit, ob gewollt oder ungewollt. Diese Selbstoffenbarung bezieht sich auf Gefühle, Eigenschaften, Wünsche, Bedürfnisse, Einstellungen oder Werte des Senders. Die Empfängerin kann folglich durch die Selbstoffenbarung den Sender interpretieren. Doch leider kommt es in unserem Fall zu einem Missverständnis. Der Sender offenbart mit seiner Frage „Wieso hast du eigentlich so lange kein Video mehr von uns gepostet?“: „Ich frage mich, wieso das so ist.“ Was bei der Empfängerin ankommt: „Mir gefällt dein aktueller Content nicht.“ Oh, oh, es wird also langsam kritisch ...

Die dritte Ebene ist die Beziehung, die alle Informationen umfasst, welche die Verbindung von Sender und Empfängerin ausmachen. Diese Informationen können über eindeutige Formulierungen, versteckte Andeutungen oder Gestik und Mimik erfolgen. Die Empfängerin interpretiert jede Nachricht auch unter Berücksichtigung der Beziehungsebene. Bei der Empfängerin können sich anhand der Interpretation dieser Ebene unterschiedliche Gefühle und Empfindungen bemerkbar machen. In unserem Beispiel führt die Frage „Wieso hast du eigentlich so lange kein Video mehr von uns gepostet?" zu aufkochenden Emotionen, denn Sender und Empfängerin interpretieren die Nachricht auf der Beziehungsebene unterschiedlich: Er meint: „Du wirst es mir sagen können", sie versteht: „Du bist eine schlechte Content-Creatorin!"

Die vierte Ebene ist der Appell, mit welchem der Sender versucht, Einfluss auf den Empfänger zu nehmen. Ratschläge, Handlungsempfehlungen oder Hinweise stecken oft als Appell in Nachrichten. Der Appell kann dabei offen oder verdeckt kommuniziert werden. Die Empfängerin der Nachricht fragt sich nach jeder Nachricht demnach, ob eine Reaktion notwendig ist und welche Handlungen gewünscht sind und erwartet werden. Heidi und Tom in unserem Beispiel verstehen sich leider auch auf dieser Ebene falsch: Der Sender meint mit der Nachricht „Wieso hast du eigentlich so lange kein Video mehr von uns gepostet?" auf der Ebene des Appells: „Sag mir, wieso es so ist!", die Empfängerin versteht: „Du hättest mehr Videos von uns posten sollen!"

Und so schnell kann ein Missverständnis entstehen. „Wieso hast du eigentlich so lange kein Video mehr von uns gepostet?" meint: „Du hast lange nichts mehr von uns gepostet!" (Sachebene), „Ich frage mich, wieso das so ist!" (Selbstkundgabe), „Du wirst es mir sagen können" (Beziehung), „Sag mir, wieso es so ist!" (Appell). Verstanden wird: „Du hast lange kein Video mehr von uns gepostet!" (Sachebene), „Mir gefällt dein aktueller Content nicht!" (Selbstkundgabe), „Du bist eine schlechte Content-Creatorin!"

(Beziehung), „Du hättest mehr Videos von uns posten sollen!" (Appell). Da macht Heidis gereizte Reaktion doch gleich mehr Sinn, oder nicht?

Wenn wir mit anderen Menschen kommunizieren, müssen wir uns also bewusst machen, dass unsere Worte unterschiedlich interpretierbar sind. Nicht immer kommunizieren wir unsere Nachrichten und Anliegen klar und eindeutig. Doch wie können wir auch aktiv etwas an unserer Sprache und Kommunikation ändern, um Missverständnissen vorzubeugen und besser mit Konflikten umzugehen?

Damit weiter in unserem Exkurs zum Thema Gewaltfreie Kommunikation: Wenn wir mit unserer Sprache das Verhalten anderer bewerten, ohne zu wissen, warum jemand auf diese Art und nicht anders handelt, dann ist unsere Sprache „gewaltvoll". Die von Marshall B. Rosenberg entwickelte „Gewaltfreie Kommunikation" zielt darauf ab, zwischenmenschliche Beziehungen positiv zu beeinflussen. Das Ziel ist, dass die Beteiligten freiwillig und mit Freude zum beiderseitigen Wohlbefinden beitragen. Eine wichtige Bedingung für gewaltfreie Kommunikation ist die Freiwilligkeit. Wenn wir uns in unserer Kommunikation auf Vermutungen, Interpretationen, Schuldzuweisungen oder Forderungen fokussieren, dann kann das zu verhärteten Fronten, Missverständnissen und verbaler Gewalt führen. Wir sind dabei wertend und verurteilend, und unser Gegenüber kann uns gegenüber eher defensiv als offen reagieren. Rosenbergs Fokus für eine Gewaltfreie Kommunikation setzt sich hingegen aus vier Schritten zusammen: Beobachtungen, Gefühle, Bedürfnisse und Bitten – die Grundlage für Verbindung und Verständnis.

Um friedlicher, respektvoller und gewaltfreier miteinander kommunizieren zu können, müssen wir nicht nur unsere Sprache, sondern auch unsere innere Haltung verändern. „Gewaltfreie Kommunikation“ hat unter anderem folgende Annahmen:

- Alle Menschen handeln, um grundlegende Bedürfnisse zu erfüllen. Bedürfnisse haben demnach einen großen Einfluss auf unser Verhalten.
- Alle Menschen haben gleichwertige Bedürfnisse, auch wenn sie unterschiedlich erfüllt werden. Deshalb sollten Menschen miteinander kooperieren und tiefere Verbindungen miteinander aufbauen.
- Gefühle drücken unerfüllte Bedürfnisse aus. Wenn Menschen ihre eigenen Gefühle verstehen und kommunizieren können, trägt das zur Erkennung der eigenen Bedürfnisse bei.
- Alle Menschen haben selbst die Verantwortung für ihre eigenen Gefühle und Bedürfnisse und sind für die Erfüllung dieser selbst verantwortlich.

Nach Rosenberg ist unser Einfühlungsvermögen die wichtigste Kompetenz zur Lösung von Konflikten und zur Verbesserung unserer Kommunikation. Wir können nur dann ein Nein akzeptieren oder in Streitgesprächen respektvoll miteinander umgehen, wenn wir dazu fähig sind, die Beobachtungen, Gefühle, Bedürfnisse und Bitten von uns selbst und unserem Gegenüber wahrzunehmen. „Gewaltfreie Kommunikation“ funktioniert wie folgt:

Am Anfang steht die *Beobachtung*, also die Wahrnehmung und Beschreibung der Situation, ohne diese zu bewerten oder zu interpretieren. Bewertungen sollen von Beobachtungen getrennt werden, sodass dem Gegenüber klar ist, worauf man sich bezieht. Es wird darauf geachtet, dass man auf der Grundlage von tatsächlichen, eigenen Beobachtungen kommuniziert. Nicht „Du kommst immer zu spät“, sondern „Wir wollten uns um 11:30 Uhr treffen, jetzt ist es 12:00 Uhr." Formulierungen wie „Ich sehe ...", „Mir ist aufgefallen, dass ..." oder „Ich habe gehört, dass ..." können uns dabei helfen, unsere Beobachtungen gewaltfrei zu kommunizieren.

Es folgt das *Gefühl*, denn die Beobachtung, in diesem Fall das Zuspätkommen, löst im Körper ein Gefühl aus und steht mit einem oder mehreren Bedürfnissen in Verbindung. Es ist wichtig, dieses Gefühl zu erkennen und auszudrücken, da Ereignisse und Situationen von jedem Menschen unterschiedlich wahrgenommen werden. Daher ist es besonders wichtig, offen darüber zu kommunizieren, wie es uns geht. Statt des Vorwurfs „Du lässt mich immer im Stich!" lieber: „Ohne deine Unterstützung fühle ich mich nicht sicher." Formulierungen wie „Ich fühle mich ...", „Mir geht es ..." oder „Ich bin gerade ..." können uns dabei helfen, unsere Gefühle gewaltfrei zu kommunizieren.

Nun folgt das *Bedürfnis*, das sehr stark mit unserem Gefühl zusammenhängt. Gefühle sind ein Ausdruck davon, ob ein Bedürfnis gerade erfüllt ist oder nicht, und können demnach als Indikator dienen. Bedürfnisse können Sicherheit, Intimität, Verständnis, Sinn oder Kontakt sein. Und nur wenn wir unsere Bedürfnisse anderen Menschen mitteilen und verbalisieren, was wir brauchen, können sie uns entgegenkommen und diese erfüllen. Statt der Aufforderung „Ich brauche deine Verlässlichkeit!" das Bedürfnis ausformulieren, also: „Ich brauche verlässliche Unterstützung." Formulierungen wie „Ich brauche ...", „Mir fehlt ..." oder „Mir ist wichtig ..." können uns dabei helfen, unser Bedürfnis gewaltfrei zu kommunizieren.

Zum Schluss folgt die *Bitte* um eine konkrete Handlung im Hier und Jetzt. Dabei sollten wir Bitten am besten positiv formulieren, also sagen, was man will, anstatt was man nicht will. Wir sollten klar und präzise formulieren, was wir uns von unserem Gegenüber wünschen, damit unsere Bedürfnisse erfüllt werden können. Dabei handelt es sich bei der Bitte um einen Wunsch, das bedeutet, dass sie auch abgelehnt werden kann. Gewaltfreie Kommunikation basiert auf Freiwilligkeit, unser Gegenüber kann auch Nein sagen und darf eine andere Meinung vertreten. Aus „Sei morgen bloß nicht wieder unpünktlich“ wird „Bitte komm morgen pünktlich“. Formulierungen wie „Bitte ...“, „Ich wünsche mir ...“, „Würdest du ...“ oder „Ich frage mich, ob du ...“, können uns dabei helfen, unsere Bitte gewaltfrei zu kommunizieren.

Rosenberg fasste diese vier Schritte in folgender Formel kurz zusammen: „Wenn ich a sehe (Beobachtung), dann fühle ich b (Gefühl), weil ich c brauche (Bedürfnis). Deshalb möchte ich jetzt gern d (Bitte).“ So wird aus „Du kommst immer zu spät! Du lässt mich immer im Stich! Ich brauche deine Verlässlichkeit! Sei morgen bloß nicht wieder unpünktlich!“: „Wir wollten uns um 11:00 Uhr treffen, jetzt ist es 11:30 Uhr. Ohne deine Unterstützung fühle ich mich nicht sicher! Ich brauche verlässliche Unterstützung, das ist mir wichtig. Bitte komm morgen pünktlich.“ Klingt doch schon viel besser, oder?

Jede:r von uns versucht zu jeder Zeit, besonders in unseren Beziehungen, die eigenen Bedürfnisse zu stillen. Das Modell von Rosenberg kann uns bei der Erfüllung unserer Bedürfnisse helfen und Kommunikation mit anderen erleichtern. Doch was wir uns bewusst machen sollten: Es ist nicht immer und zu jeder Zeit möglich, gewaltfrei zu kommunizieren. Wir können uns aber darum bemühen, so gewaltfrei wie möglich miteinander zu sprechen oder im Nachhinein das Gespräch suchen, wenn wir gewaltvoll kommuniziert haben und uns eine Klärung wichtig ist.

Denn klare Kommunikation sollte Grundlage jeder unserer Beziehungen sein, eine Green Flag. Wir brauchen sie, damit wir Konflikte ruhen lassen und uns entspannen können. Ohne sie ist eine enge und intime Beziehung oder Partnerschaft nur schwer möglich. Wenn jedoch die Routine einkehrt, der Alltag stressig ist oder wir uns in einer langjährigen Partnerschaft befinden, dann kann es im Laufe der Zeit dazu kommen, dass wir weniger miteinander sprechen. Selbst einfachste Kommunikation, sei es, uns zwischendurch nach unserem Gegenüber zu erkundigen, nach ihrem Wohlbefinden zu fragen oder die eigene Fürsorge und Liebe auszudrücken, ist in vielen Beziehungskonstellationen eher die Ausnahme als die Regel. Jedoch sollten wir so oft wie möglich mit unseren Partner:innen kommunizieren, Fragen stellen oder persönliche Themen besprechen. Sprich es aus, trau dich! Lass alles raus, was dir auf der Seele brennt. Sei für dein Gegenüber da und emotional verfügbar. Denn offene Kommunikation und emotionale Verfügbarkeit sollten uns mehr reizen als passive Aggressivität oder emotionale Distanz. Letzterer gehen wir meist sowieso nur aus Selbstschutz nach, was zu Vermeidung, Distanz und einer instabilen Beziehung führt. Statt Spielchen zu spielen, sollten wir wir selbst sein und uns nicht zu sehr von der Art der Kommunikation unseres Gegenübers beeinflussen lassen. Auch wenn es manchmal schwierig sein kann, sollten wir uns in unserer Kommunikation treu bleiben und uns nicht an schlechte Kommunikationsmuster anpassen.

Wir sollten jeden Tag an unseren Partner:innen interessiert sein, nicht nur am Anfang einer Beziehung. In Kennenlernphasen sind wir an unseren Gegenübern schließlich meist sehr interessiert, Kommunikation als Dreh- und Angelpunkt. Sobald die Routine einkehrt, nehmen wir unsere Partner:innen leider zu oft für selbstverständlich. Trotz routinierter Abläufe, die einer Beziehung Struktur geben können, sollten wir zu jedem Zeitpunkt in unseren Partnerschaften Interesse zeigen und uns darum bemühen, unsere Beziehungen abwechslungsreich zu gestalten, indem wir weiterhin neue und schöne Dinge mit unseren Partner:innen machen.

Wenn wir uns aktiv dazu entscheiden, gemeinsam Spaß zu haben und Streit und Konflikten nicht zu viel Raum zu geben, dann kann das aufkommender Unzufriedenheit vorbeugen. Wir gehen Beziehungen nicht ein, um Probleme zu lösen, sondern suchen nach Verbindung, Nähe, Intimität und Spaß. Statt sich ständig in Konflikten zu verlieren und diese nicht ruhen zu lassen, sollten wir uns Zeit füreinander nehmen, auf Dates gehen, gemeinsam Abenteuer erleben, neue Dinge ausprobieren, intimer miteinander sein. Die andere Person und sich selbst noch besser kennenlernen! Unangenehme Gespräche sind die Grundlage jeder gesunden Beziehung, jedoch sollten wir auch anderen Aspekten Raum bieten.

Aber manchmal helfen selbst die schönsten gemeinsamen Erlebnisse und die konstruktivsten Gespräche nichts. Da können Rosenberg, Schulz von Thun oder Marcel Moses sonst etwas sagen. Manchmal können Streit und Konflikt trotz aller Bemühungen der ständige Mittelpunkt einer Beziehung sein. Wie gehen wir damit um? Würdest du gehen? Oder doch bleiben? Gehen wir noch weiter miteinander, oder trennen sich unsere Wege hier?

R.I.P. (wahre) Liebe – Lang lebe die Liebe!

Für viele von uns ist die Vorstellung vom Verlust einer geliebten Person eine der größten Ängste im Leben. Vielleicht denkst du jetzt an den Tod, mit dem wir zu irgendeinem Zeitpunkt in unserem Leben konfrontiert werden. Gefühle von Ohnmacht, Angst, Depression, Einsamkeit oder Hoffnungslosigkeit können mit einem Verlust einhergehen. Verluste beziehen sich jedoch nicht immer nur auf den Tod, denn auch Trennungen oder Scheidungen können ein ähnlich schmerzhaftes Gefühl in uns auslösen. Das Ende einer Beziehung kann also genauso aufreibend sein wie der Tod, denn nach einer Trennung befinden wir uns in einem emotionalen Schockzustand, der tatsächlichem körperlichem Schmerz sehr nahekommen kann.

Trauer und Schmerz sind charakteristisch für Verlusterlebnisse, die Bewältigung dieser eine der schwierigsten emotionalen Aufgaben in unserem Leben. Wir haben das Gefühl, dass wir die Kontrolle verlieren, uns wird der Boden unter den Füßen weggerissen, wir fallen in ein emotionales Loch, das ebenso körperlich spürbar ist. Dabei ist es egal, ob es sich um eine kurze Tinder-Romanze, eine Freundschaft oder eine langjährige Beziehung handelt. Trennungen sind individuell und einzigartig, tun weh und sind gnadenlos. Manchmal sind sie aber unausweichlich, und wir sollten uns mit dem Thema konfrontieren, um unser Wohlbefinden und uns selbst zu schützen. Beziehungen können nämlich enden, egal wie gut unsere Kommunikationsfähigkeiten sind, wie viel wir über unsere Trigger gelernt haben oder wie sehr wir uns (gegenseitig) lieben. Wenn wir in der eigenen Partnerschaft nicht mehr glücklich sind, uns nur noch streiten oder uns nicht mehr verstehen und kein Interesse daran besteht, etwas an dieser Situation zu ändern, dann wird uns bewusst: Liebe ist nicht bedingungslos. In manchen Fällen beenden wir eine Beziehung, egal ob romantisch oder freundschaftlich, in anderen Fällen trennt sich unser Gegenüber von uns. Und was jetzt? Wohin mit dem ganzen Schmerz und der ganzen Angst?

Nach einer Trennung warten wir auf die Auflösung, den Zeitpunkt, nach dem alles wieder Sinn ergibt. Das Ende unserer Trauer! Wir warten verzweifelt auf den Moment, der uns all unseren Kummer nehmen wird. Wann bin ich endlich darüber hinweg? Wann tut es endlich nicht mehr weh?

Wenn wir nach Trennungen auf eine Auflösung warten, dann wahrscheinlich sehr lange, denn wir brauchen keinen Abschluss, um über sie hinwegzukommen. Trauer und Schmerz werden nicht irgendwann von heute auf morgen verschwinden, sie haben kein Ablaufdatum. Wir denken, dass wir erst dann inneren Frieden und Ruhe erlangen können, wenn wir von anderen die Erlaubnis oder die finale Erklärung dafür bekommen. Wir brauchen noch ein letztes Gespräch, um mit der ganzen Sache abzuschließen. Ein letztes Mal Sex, um sich auch körperlich zu verabschieden.

Doch wenn wir die Auseinandersetzung mit den schmerzhaften Gefühlen nach einer Trennung auf einen unbestimmten, möglicherweise unrealistischen Zeitpunkt in der Zukunft vertagen und von anderen Menschen abhängig machen, dann machen wir es uns ziemlich einfach. Genauso wie Beziehungen Arbeit bedeuten, müssen wir auch Energie in unseren Trennungs- beziehungsweise Trauerprozess investieren. Statt sich selbst zu vertrösten und die Verantwortung für die eigenen Gefühle an andere Personen, die Zukunft oder das Universum abzugeben, sollten wir uns darüber bewusst werden, was Trennungen mit uns machen. Wir sollten Wissen über die unterschiedlichen Trennungsphasen entwickeln. Um besser mit Trennungen umzugehen, kann es also helfen, zu verstehen, was da eigentlich mit uns passiert. Nach der Schweizer Psychologin Verena Kast können folgende vier Trauerphasen definiert werden:

Nicht-wahrhaben-Wollen, die erste Phase einer Trennung. In dieser Phase überwiegt die Ohnmacht, und wir können nicht glauben, was uns gerade passiert. Wir stehen unter Schock und müssen uns immer wieder daran erinnern, dass wir verlassen wurden. Wir können und wollen die Trennung nicht akzeptieren und wünschen uns eine neue Chance. Ein weiterer Versuch könnte die Beziehung doch retten, oder? Wenn wir noch in Kontakt mit unserem Ex-Partner oder unserer Ex-Partnerin stehen, dann hoffen wir, dass er oder sie wieder zur Vernunft kommt und zu uns zurückkehrt. Wir warten auf den Anruf oder die Nachricht, die zur Versöhnung führt. Wir interpretieren jedes Zeichen, sei es im persönlichen Umgang oder digital in sozialen Netzwerken, als Hinweis für eine potenzielle Wiedervereinigung. Wir fühlen uns hilflos, sind geschockt, fassungslos und fühlen uns nahezu gelähmt. Wir wollen die Trennung nicht wahrhaben, um mit dieser plötzlich veränderten Lebenssituation besser umzugehen. Wir können den Schmerz noch nicht ganz zulassen und versuchen, die emotionale Reaktion so weit wie möglich aufzuschieben, um Kraft zu sammeln. Um aus dieser Phase zu gelangen, hilft Akzeptanz. Es kann uns helfen, wenn wir uns mit unserem Umfeld über die Trennung austauschen und uns selbst immer wieder daran erinnern, dass wir uns nicht mehr in einer Beziehung befinden. Je mehr wir über die Trennung sprechen und unsere Gefühle zulassen und spüren, desto besser lernen wir unsere neue Realität zu akzeptieren.

Aufbrechende Gefühle, die zweite Phase in einer Trennung. Diese Phase ist die wohl schwierigste von allen und ist gekennzeichnet durchs Aufkommen verschiedener Gefühle, etwa Hilflosigkeit, Schuld, Einsamkeit, Schmerz, Verzweiflung, Angst, Hass oder Wut. Wir spüren ein unangenehmes Gefühl in der Brust, haben keinen Appetit oder leiden unter Schlafstörungen. Ein trauriges Gefühl begleitet uns Tag und Nacht, unsere Gedanken stecken fest in alten Endlosschleifen. Woran erinnerst du dich so? Was waren eure schönsten Momente? Was wird dir alles fehlen? Was hättest du besser machen können? Oft vergessen wir, was nicht so gut lief, und romantisieren die verlorene Beziehung. Unsere Emotionen überkommen uns und fahren Achterbahn. Alles fühlt sich schwerer an als sonst. Im einen Moment sind wir traurig, im anderen wütend und dann wieder voller Hoffnung. Wenn wir unseren vergangenen Beziehungen hinterhertrauern, dann sind wir nicht in der Lage dazu, uns eine neue Zukunft mit einer anderen Person an unserer Seite vorzustellen. Um an diesen Punkt zu gelangen, brauchen wir Distanz von der Beziehung. In dieser Phase kann es hilfreich sein, wenn wir unseren Tag planen, strukturieren und uns täglich bewusst Zeit einräumen, um unsere Gefühle zuzulassen und zu spüren, damit diese nicht den ganzen Tag mitschwingen. Verlieren wir uns in dieser Phase und unseren negativen Gefühlen, können sich beispielsweise Depressionen oder Ängste entwickeln und wir sollten eventuell Hilfe von Expert:innen annehmen.

Neuorientierung, die dritte Phase einer Trennung. In dieser Phase geht es endlich ein bisschen bergauf. Unsere Gefühle bezüglich der Trennung sind zwar noch da, dafür aber weniger intensiv und häufig. Das berühmt-berüchtigte Licht am Ende des Tunnels. Das Leben muss nun mal weitergehen, und das wird uns langsam bewusst. Wir fühlen uns besser, energetischer und wollen unser Leben wieder aktiv gestalten. Wir lassen neue Dinge und neue Menschen in unser Leben und gewinnen wieder Vertrauen in andere Personen. Auch wenn Rückschläge in dieser Phase dazugehören und unsere aufbrechenden Gefühle uns immer mal wieder überkommen, fällt es uns leichter, positiv zu bleiben und nach vorn zu blicken. In dieser Phase können Sport und Bewegung, Kreativität, Zeit in der Natur und soziale Beziehungen zur Stabilisierung beitragen.

Es gibt keine feste Regel dafür, wie lange wir in diesen Phasen bleiben, da jede:r von uns unterschiedlich mit den eigenen Emotionen umgeht. Es ist aber nicht ungewöhnlich, wenn eine Beziehung uns noch Jahre nach der Trennung beschäftigt. Hier ist Achtsamkeit geboten, und wir sollten regelmäßig in uns reinhorchen und unsere Gedanken und Gefühle beobachten. Nur so können wir es schaffen, das Vergangene loszulassen und offen für etwas Neues zu sein.

Neuanfang, die vierte Phase einer Trennung. In dieser Phase akzeptieren und überwinden wir die Trennung. Wir vertrauen uns wieder selbst und sind bereit für einen neuen Partner oder eine neue Partnerin. Wenn wir an unsere ehemalige Beziehung denken, dann verlieren wir uns nicht mehr in negativen Gedanken oder Schuldgefühlen, sondern sehen vielleicht sogar die positiven Seiten der Trennung. Wir wissen besser, was wir wollen, was nicht, entwickeln ein neues Selbstbewusstsein und genießen unser Leben als Single. Ruhe in Frieden, alte Liebe. Lang lebe die Liebe!

Trennungen und Abschiede können unterschiedlichste Emotionen in uns triggern. Das ist eine vollkommen normale Reaktion. Wenn wir über Trennungen hinwegkommen möchten, dann sollten wir damit aufhören, gegen unsere Gefühle anzukämpfen. Statt die Auflösung unseres Schmerzes in die Zukunft zu verschieben, sollten wir damit anfangen, im Hier und Jetzt zu fühlen, denn sonst verlängern wir unsere Schmerzperiode nur immer weiter. Um zu heilen, müssen wir fühlen! Nicht jede Beziehung hält ein Leben lang, dennoch ist jede von ihnen real gewesen und etwas wert. Jede Beziehung ist ein Teil unserer persönlichen Reise, und dafür sollten wir dankbar sein. Um an diesen Punkt zu gelangen, kann es zwar Monate oder Jahre dauern, doch die Arbeit lohnt sich. Denn wenn wir unseren Ex-Freund:innen gegenüber immer nur Hass, Wut, Ärger oder Enttäuschung spüren, kommen wir nicht über sie hinweg. Um besser mit Beziehungen abzuschließen und sich von ihnen zu lösen, hilft Dankbarkeit. Auch wenn es uns anders beigebracht wurde: Jede Beziehung, die wir in unserem Leben eingegangen sind, selbst eine, die der Vergangenheit angehört, ist ein Gewinn. Mit jeder unserer Beziehungen wachsen wir ein bisschen mehr, lernen uns besser kennen und sind unserem Glück ein Stück näher.

Wenn wir schon dabei sind, uns von ehemaligen Beziehungen zu trennen, dann sollten wir dabei vielleicht auch gleich traditionelle Vorstellungen von Beziehungen hinter uns lassen und uns von Labeln und Kategorien verabschieden. Obwohl sie uns manchmal ein Gefühl von Verbundenheit und Zugehörigkeit geben, können sie uns in unseren Beziehungen einschränken und diskriminieren. Es ist nicht das Ziel von Beziehungen, Traditionen aufrechtzuerhalten. Liebe ist Liebe und jede Beziehung ist wertvoll, egal wie wir sie gestalten. Uns sollte egal sein, was in Beziehungen sozial und kulturell erwünscht ist und erwartet wird, und wir sollten unser eigenes, für uns (und unsere Partner:innen) passendes Modell kreieren.

Außerdem müssen wir, entgegen bekannten Ratschlägen, nicht komplett geheilt sein, um neue Beziehungen einzugehen. Schmerzliche Erinnerungen und wunde Punkte sind menschlich, und wir haben sie alle. Unsere emotionalen Wunden bleiben, und weiterkommen können wir nur dann, wenn wir uns für neue Liebe öffnen. Wir haben es verdient zu fühlen und sind mit all unseren Facetten liebenswert. Auf zu neuen Ufern, statt uns zu verschließen aus Angst, alte Wunden aufzureißen. Ja, es stimmt: Liebe kann wehtun. Doch weißt du, was noch viel mehr wehtun kann? Enge Beziehungen zu vermeiden, die eigenen Gefühle tief in sich zu vergraben und nichts mehr zu fühlen.

In unseren Beziehungen sehnen wir uns danach, Meilensteine zu erreichen, die uns vorgelebt oder eingeprägt wurden. Zusammenziehen, die erste gemeinsame Wohnung, ein Hund, Hochzeit, das erste Kind und dann irgendwann vielleicht noch das Eigenheim. Aber ob das bei der aktuellen Inflationsrate überhaupt noch realistisch ist? Das Erreichen von irgendwelchen Meilensteinen ist keine Garantie für eine glückliche und zufriedenstellende Beziehung. Sie sind meist eher gesellschaftliche

Relikte. Ich meine, habt ihr euch mal die aktuelle Scheidungsrate angeschaut? Verbundenheit, Spaß, Liebe, Nähe, Intimität und Vertrauen sollten unsere Beziehungsziele sein und können zufriedener machen als jeder Kredit für gemeinsame Anschaffungen oder jede Eheschließung.

Und wer sagt überhaupt, dass je länger, desto besser? Jede unserer Beziehungen, egal ob kurz oder lang, war und ist wichtig und hat (solange sie nicht missbräuchlich war) ihren Sinn und Zweck erfüllt. Deshalb sollten wir versuchen, uns mehr auf die positiven Aspekte zu fokussieren und uns weniger für „gescheiterte" Beziehungen schuldig und schlecht zu fühlen. Jede Beziehung hat ihre Berechtigung, Liebe ist Liebe! Egal ob Mann und Frau, Mann und Mann, Frau und Frau, non-binary und trans oder Polyamorie. In unserer heteronormativen Gesellschaft bestehen nach wie vor zu viele toxische Beziehungsskripte, die uns vorgeben, wie wir uns zu verhalten und zu lieben haben. Dabei sollten wir einfach unser authentisches Selbst sein und uns nicht so sehr von äußeren Einflüssen bestimmen lassen. Nicht die Struktur, sondern die Qualität unserer Beziehung ist wichtig!

Heutzutage entscheiden sich immer mehr Menschen für rein (a)sexuelle Beziehungen, offene Beziehungen oder polyamouröse Beziehungen. Viele nehmen diese Beziehungsmodelle jedoch nicht ernst, bewerten sie und blicken auf sie herab. Das seien schließlich keine richtigen Beziehungen. Diese Einstellung sollten wir schleunigst hinter uns lassen, denn Beziehungen müssen nicht immer den gesellschaftlichen Normen entsprechen und können auch anders funktionieren. Es gibt nicht die richtige Art und Weise, eine Beziehung zu führen. So wie wir uns alle voneinander unterscheiden, dürfen und sollen sich ebenso unsere Beziehungen voneinander unterscheiden. Nur weil andere Beziehungen anders sind als deine, heißt es nicht, dass diese besser oder schlechter sind. Liebe kennt keine Grenzen, oder wie die Boys von Caught In The Act sagen würden: „Love is everywhere“.

DIE WAHRHEIT

Es ist so weit. Auf diesen Moment haben wir die ganze Zeit gewartet, auf diesen Moment haben wir hingearbeitet! Wir sind am Ende unserer gemeinsamen Reise angelangt. Ich habe dir versprochen, dass du die Wahrheit erfahren wirst über dich und deine Beziehungen. Bist du gespannt, was dich erwartet? Wie geht es dir nach dieser Selbstreflexion? Fühlst du dich so, als wärst du der Wahrheit ein Stück nähergekommen? Hast du sie auf dem Weg hierher vielleicht schon gefunden? Ich will es eigentlich nicht spannender machen als Marco Schreyl damals in den Entscheidungen von *Deutschland sucht den Superstar*. Aber ich frage dich trotzdem noch einmal: Was bedeutet eigentlich „die Wahrheit"? Gibt es „die Wahrheit" überhaupt? Was, wenn die Wahrheit ist, dass es keine allgemeingültige Wahrheit gibt?!

Jede:r von uns hat nämlich seine und ihre eigene Wahrheit.

Wir sind alle anders, und es gibt keine Schablone, die wir auf unser Leben legen können, mit der alles auf wundersame Weise plötzlich Sinn ergibt. Unser Leben folgt keinem festen Skript. Statt zu versuchen, alles zu kontrollieren, sollten wir weniger pauschalisieren, pathologisieren und kategorisieren. Das Leben ist im ständigen Wandel, nicht immer bleibt alles stabil. Oft ist die einzige Konstante die Veränderung. Wir sind nicht nur geprägt von unseren Genen, sondern auch von unserer Umwelt. Und beides ist bei jeder und jedem von uns einzigartig. Wenn wir uns an Gedanken, soziale Normen oder Menschen festklammern, dann gibt uns das zunächst zwar das Gefühl von Kontrolle und

Sicherheit. Wir können allerdings an der Vergangenheit nichts ändern und die Zukunft nur bedingt beeinflussen. Bei allem, was im Laufe unseres Lebens auf uns einwirkt, kann es uns immer wieder schwerfallen, die eigene psychische Gesundheit in den Fokus zu stellen und dafür zu sorgen, dass wir uns gut fühlen.

Wir haben gelernt, dass die Bindung zu unseren Eltern und Bezugspersonen in unserer frühen Kindheit einen erheblichen Einfluss auf unsere Beziehungen als Erwachsene hat. Wir entwickeln innere Leitsätze, diverse Strategien und Coping-Mechanismen, um zu überleben und uns sicher zu fühlen. Wir schieben unangenehme Themen beiseite und lenken uns ab. Wieso sollten wir denn auch in der Realität bleiben wollen, wenn wir mit ein paar Klicks alles haben können, und sei es bloß virtuell? Wieso sollten wir uns mit uns selbst beschäftigen, wenn wir das Internet haben? Und was von da aus alles auf uns einprasselt ... Wie sollen wir da den Überblick behalten? Geschweige denn im Dschungel der Reizüberflutung noch Liebe finden? Kann man jemand anderen überhaupt lieben, wenn man sich selbst nicht aushält?

Um anderen Menschen nahe sein zu können, müssen wir uns selbst nahe sein. Das kann in vielen Momenten schwerfallen, aber wenn wir weniger im Außen und mehr im Innen nach Antworten suchen, dann kommen wir unserer eigenen Wahrheit und unserem eigenen Glück ein großes Stück näher. Vergebung, Dankbarkeit und Akzeptanz können uns dabei helfen, offene Wunden zu heilen.

Egal was und wie viel ständig auf uns wirkt, wir sollten uns nicht in den Algorithmen unseres Alltags verlieren, sondern die Kontrolle über die Geschichte unseres Lebens aktiv übernehmen. Statt zu tabuisieren, zu beschuldigen oder uns zu schämen, sollten wir offenbleiben für Unbekanntes, unseren Mitmenschen gegenüber empathisch sein und vor allem auf uns selbst vertrauen. Auch wenn vieles sich in der heutigen Zeit so anfühlen kann, als würden wir uns in der Truman Show befinden, sollten wir uns nicht immer nur auf das Negative fokussieren, sondern uns die Möglichkeiten und Chancen im Hier und Jetzt bewusst machen. Denn sosehr sich unsere Lebensrealitäten und unser Alltag unterscheiden, mindestens eine Sache haben wir alle gemeinsam: Wir sehnen uns nach Verbundenheit, Zugehörigkeit und Liebe.

Um ein besseres Verhältnis zu uns selbst und genauso zu anderen Menschen zu entwickeln, sollten wir unsere Biografie und unsere Wurzeln kennen. Wir sollten aufhören, uns mit anderen zu vergleichen oder das eigene Leben anhand sozialer und kultureller Anforderungen einzuordnen und zu bewerten. Wenn wir uns selbst nicht kennenlernen und uns nicht mit unseren persönlichen Themen und Triggern beschäftigen und diese reflektieren, dann werden wir uns wahrscheinlich immer wieder in dieselben toxischen und unangenehmen Beziehungen begeben. Ein anderes Gesicht, die gleichen Probleme. Ein anderer Ort, dasselbe Gefühl.

Vielleicht kommt das der Wahrheit ja am nächsten: Wir wiederholen unbewusst Muster aus der Vergangenheit, wenn wir diese nicht bewusst aufarbeiten. Das bedeutet aber nicht, dass wir uns nicht mehr getriggert fühlen werden, wenn wir bereit sind, an uns zu arbeiten. Zu denken, dass wir keine wunden Punkte mehr haben werden oder uns nichts mehr emotional aufwühlen wird, ist fernab jeglicher Realität. Selbst wenn wir uns ständig selbst reflektieren und unsere ungelösten Konflikte aufarbeiten: Wir werden auch weiterhin getriggert, vielleicht kommen sogar neue Trigger dazu. Doch wenn wir wissen, was uns triggert, dann können wir unsere Emotionen besser einordnen, regulieren und unsere Reaktion anpassen.

Du lebst im Hier und Jetzt. Nicht in der Vergangenheit, nicht in der Zukunft und auch nicht im Internet! Wenn wir im Hier und Jetzt unzufrieden sind, verlieren wir uns schnell und leben dann nicht mehr im Moment. Doch nur wir können unser Leben gestalten und für unsere eigene Zufriedenheit sorgen. Helfen können uns dabei klare Grenzen. Was ist dir wichtig? Wie willst du behandelt werden? Wie willst du lieben, und wie willst du geliebt werden? Du entscheidest! Wir können die Hintergrundgeräusche in unserem Kopf, also unsere Gedanken, leiser stellen, indem wir unser Leben im gegenwärtigen Moment leben. Du bist nicht deine Gedanken! Statt zu überleben, sollten wir anfangen zu leben und damit aufhören, innere Kämpfe im Außen auszutragen. Es geht darum, unseren Fokus auf unser Inneres zu richten und achtsamer zu sein! Was ich damit meine?

Achtsamkeit bedeutet, dass wir den gegenwärtigen Moment, unser Hier und Jetzt, bewusst und wertfrei wahrnehmen. Wir entscheiden uns dazu, unsere Aufmerksamkeit gezielt auf den jetzigen Moment zu lenken und uns mental nicht zu verlieren. Dabei nehmen wir unsere eigenen Gedanken, Gefühle und körperlichen Empfindungen wahr und akzeptieren sie. Eine achtsame Haltung kann erlernt und trainiert werden. Es handelt sich nämlich um eine innere Einstellung, die unser Leben und unseren Umgang mit Stress und alltäglichen Herausforderungen nachhaltig positiv beeinflussen und verbessern kann. Keine unserer Einstellungen und Haltungen ist fest in uns verankert, sondern sie sind flexibel und formbar. Wenn wir achtsam leben, dann nehmen wir unsere Gefühle, Gedanken und unser Verhalten zwar wahr, doch wir bewerten diese nicht, wie wir es sonst vielleicht getan hätten.

Wir werden achtsamer, wenn wir (wieder) damit anfangen, alle unsere Sinne einzusetzen und unsere Umwelt aktiv und bewusst wahrzunehmen. Wie fühlt es sich an, dieses Buch zu lesen?

Wie hört sich meine Stimme an? Was nimmst du in diesem Augenblick um dich herum wahr?

Wir sind außerdem achtsam, wenn wir bewusst handeln und kommunizieren. Wenn wir unseren Körper in jedem Moment wahrnehmen, und nicht nur, wenn er schmerzt. Wenn wir unsere Gefühle und Gedanken zulassen und spüren, dann kommen wir unserem persönlichen Glück im Hier und Jetzt immer näher. Und nur wir selbst können unsere innere Einstellung regulieren und beeinflussen.

Achtsamsein bedeutet aber genauso, zu wissen, wann wir überfordert sind und Unterstützung brauchen. Wir müssen das Leben und die mit ihm verbundenen Herausforderungen nämlich nicht allein meistern. Therapie ist für viele Menschen zwar immer noch stigmatisiert, doch kann uns professionelle Hilfe, wie auch immer sie aussehen mag, dabei unterstützen, bessere Bewältigungsstrategien zu erlernen und uns für neue Perspektiven zu öffnen. Oft hilft uns ein neutraler Blick dabei, unser Leben, mit allem, was dazugehört, besser einzuordnen.

Dass du dieses Buch in die Hand genommen hast und bereit bist, dich mit dir selbst auseinanderzusetzen, bringt dich dem Ganzen einen Schritt näher. Und die Wahrheit ist: Das Leben stellt uns vor Herausforderungen. Doch vor allem dann, wenn wir es schaffen, intime Beziehungen einzugehen, die es uns erlauben, zu wachsen, sind wir angekommen und können wir selbst sein, wir selbst werden und unserem inneren Frieden ein Stück näherkommen!

DANK

Danke.

Das möchte ich an dieser Stelle sagen, und das möchte ich leben.

Danke besonders an meine Familie: Mama, Papa, Linda, Miri und Malke. Ohne eure Liebe und euer Vertrauen wäre ich heute nicht die Person, auf die ich so stolz bin. Zu wissen, dass ich mich auf euch verlassen kann, ihr immer für mich da seid und mich jederzeit mit offenen Armen empfangt, gibt mir Halt und Sicherheit. Danke auch an alle meine Freund:innen, die mich in guten Momenten strahlen lassen, in schlechten Momenten für mich da sind und meinen Gedanken und Gefühlen Raum geben. Danke, dass ich bei euch schon immer so sein konnte, wie ich bin, und dafür, dass auch ich ein Teil eurer Reise sein darf!

Danke, dass ihr mich dazu ermutigt habt, meine Ziele zu verfolgen, ihr an mich glaubt und immer an meiner Seite geblieben seid.

Danke an alle Menschen, die mich irgendwann auf meinem Weg begleitet haben. Danke an alles, was auf dem Weg verloren gegangen ist. Dafür, dass all die Verletzungen, Enttäuschungen und Rückschläge mich weitergebracht haben und mir beigebracht haben, nicht von meiner eigenen Seite zu weichen und Vertrauen in mich selbst zu entwickeln. Danke, dass ihr da wart! Danke dafür, dass ihr nicht mehr da seid.

Danke an alle, die meinen Weg auf Social Media verfolgt haben, die sich haben inspirieren lassen und mit mir gewachsen sind. Danke für euren Support und dafür, dass ihr dieses Buch zu einem großen Teil mit ermöglicht habt. Danke auch an alle Menschen, die an der Realisierung dieses Buches beteiligt waren, mich durch jede Phase begleitet haben, an mich und dieses Projekt geglaubt und es zum Leben erweckt haben, besonders an den Verlag und meine Agentur.

Danke auch dir, mein jüngeres Ich! Dafür, dass du immer zu dir gestanden hast, das Vertrauen nie verloren hast, dein Herz behalten und deine Ziele verfolgt hast!

Danke.

Für alles!

WEITERFÜHRENDE INFORMATIONEN ZUM THEMA

Brähler, C. (2018): *Selbstmitgefühl entwickeln: Liebevoller werden mit sich selbst (Achtsam leben)*. München: Scorpio Verlag.

Fromm, E. (1998): *Die Kunst des Liebens*. München: dtv Deutscher Taschenbuch Verlag.

Hagemeyer, Dr. med. P. (2020): *„Gestatten, ich bin ein Arschloch." Ein netter Narzisst und Psychiater erklärt, wie Sie Narzissten entlarven und ihnen Paroli bieten*. Hamburg: Eden Books.

Hooks, B. (2022): *Lieben lernen: Alles über Verbundenheit*. Hamburg: HarperCollins.

Jachtchenko, W. (2023): *Die Kraft der Positiven Psychologie: Mit dem richtigen Mindset zu mehr Selbstbewusstsein und Gelassenheit*. Oakland Park, US: Remote Verlag.

Krömer, K. (2022): *Du darfst nicht alles glauben, was du denkst: Meine Depression*. Köln: Kiepenheuer & Witsch.

Kurt, Ş. (2023): *Hass: Von der Macht eines widerständigen Gefühls*. Hamburg: HarperCollins.

Kurt, Ş. (2021): *Radikale Zärtlichkeit: Warum Liebe politisch ist*. Hamburg: HarperCollins.

Perel, E. (2020): *Was Liebe braucht: Das Geheimnis des Begehrens in festen Beziehungen*. Hamburg: HarperCollins.

Perry, P. (2021): *Das Buch, von dem du dir wünschst, deine Eltern hätten es gelesen: (und deine Kinder werden froh sein, wenn du es gelesen hast)*. Berlin: Ullstein.

Seebauer, L. & Jacob, G. (2015): *Schluss mit meiner Wenigkeit!: Selbstvertrauen erlangen und selbstsicher handeln*. Weinheim: Beltz.

Schweppe, R. & Long, A. (2016): *Loslassen: Mein Übungsbuch für mehr Unabhängigkeit und Lebensfreude*. München: Gräfe und Unzer Verlag.

Stahl, S. (2015): *Das Kind in dir muss Heimat finden: Der Schlüssel zur Lösung (fast) aller Probleme*. München: Kailash.

Tolle, E. (2010): *Jetzt! Die Kraft der Gegenwart: Ein Leitfaden zum spirituellen Erwachen*. Bielefeld: Kamphausen.

Tolle, E. (2015): *Eine neue Erde. Bewusstseinssprung anstelle von Selbstzerstörung*. München: Arkana.

Windscheidt, Dr. L. (2021): *Besser fühlen: Eine Reise zur Gelassenheit*. Hamburg: Rowohlt.

QUELLENVERZEICHNIS

TEIL 1 – Wer bin ich? Warum fühle ich (so)?

MUSIK FÜR MASSEN/SUPERSONIC RECORDS: Auszug aus *Erste Liebe* von Rapsoul. © 2007 MFM Entertainment.

COTILLION RECORDS: Auszug aus *We Are Family* von Sister Sledge. © 1995 Rhino Records Inc. ℗ 1995 Atlantic Recording Corporation and Brookhill Records Corporation for the United States and WEA Int. for the world outside of the United States.

GIBRAN, K. (2003): *Der Prophet.* München: dtv.

FACHSTELLE KINDERSCHUTZ IM LAND BRANDENBURG – START GGMBH (MÄRZ 2020): Die dysfunktionale Familie. Verfügbar unter: https://www.fachstelle-kinderschutz.de/files/01_Fachstelle_Kinderschutz/Publikationen/info%20aktuell/94_Info%20aktuell.pdf (zuletzt abgerufen: 10.02.2024).

NICHOLS, M. P. (2017): *Family Therapy: Concepts and Methods (8th Edition).* London: Pearson.

BOWLBY, J. (2021): *Bindung als sichere Basis: Grundlagen und Anwendung der Bindungstheorie.* München: Ernst Reinhardt Verlag.

AINSWORTH, M. D., BLEHAR, M., WATERS, E. & WALL, S. (1978): *Patterns of Attachment: A Psychological Study of the Strange Situation.* Hillsdale, NJ: Lawrence Erlbaum.

HAZAN, C., SHAVER, P. (1987): „Romantic love conceptualized as an attachment process. Journal of Personality and Social Psychology." In: *Journal of Personality and Social Psychology* 52(3), S. 511–524.

CICCHETTI, D., CARLSON, V. (1989): *Child Maltreatment: Theory and Research on the Causes and Consequences of Child Abuse and Neglect.* Cambridge: Cambridge University Press.

PEKARSKY, A. R. (NOVEMBER 2022): *Überblick über Kindesmisshandlungen und -vernachlässigung.* Verfügbar unter: https://www.msdmanuals.com/de-de/profi/pädiatrie/kindesmisshandlung/kindesmisshandlung-im-überblick (zuletzt abgerufen: 10.02.2024).

KING JR., M. L. (1970): Loving Your Enemies. *Journal of Religious Thought 27 [Summer Supplement 1970]*: S. 31–41.

INTERSCOPE/POLYDOR: Auszug aus *Cola* von Lana Del Rey. © 2012 Lana Del Rey, under exclusive license to Universal Music Domestic Rock/Urban, a division of Universal Music GmbH. ℗ 2012 Lana Del Rey, under exclusive license to Universal Music Domestic Rock/Urban, a division of Universal Music GmbH.

INTERSCOPE/POLYDOR: Auszug aus *Ya-Yo* von Lana Del Rey. © 2012 Lana Del Rey, under exclusive license to Universal Music Domestic Rock/Urban, a division of Universal Music GmbH. ℗ 2012 Lana Del Rey, under exclusive license to Universal Music Domestic Rock/Urban, a division of Universal Music GmbH.

Freud, S. (1900): *Die Traumdeutung*. Frankfurt am Main: Fischer.
Freud, S. (1913): *Totem und Tabu*. Frankfurt am Main: Fischer.
Freud, S. (1905): *Drei Abhandlungen zur Sexualtheorie*. Frankfurt am Main: Fischer.
Gibran, K. (2003): *Der Prophet*. München: dtv.

TEIL 2 – Ich denke, also bin ich – aber was denke ich (eigentlich)?

Republic: Auszug aus 7 *Rings* von Ariana Grande. © 2019 Republic Records, a division of UMG Recordings, Inc. ℗ 2019 Republic Records, a division of UMG Recordings, Inc.
Cannon, W. B. (1975): *Wut, Hunger, Angst und Schmerz: Eine Physiologie der Emotionen*. München: Urban und Schwarzenberg.
Riemann, F. (2007): *Grundformen der Angst. Eine tiefenpsychologische Studie*. 37. Auflage. Ernst Reinhardt.
Bensel, Joachim (1999): „Kampf-oder-Flucht-Reaktion." In: *Lexikon der Biologie*. Heidelberg: Spektrum Akademischer Verlag. Verfügbar unter: https://www.spektrum.de/lexikon/biologie/kampf-oder-flucht-reaktion/35305 (zuletzt abgerufen: 10.02.2024).
LeDoux, J. E. (2000): „Emotion Circuits in the Brain." In: *Annual Review of Neuroscience*, 23(1), S. 155–184.
Cheyenne/Polydor: Auszug aus *I Believe* von Bro'Sis. © 2001 BMG Rights Management GmbH. ℗ 2001 BMG Rights Management GmbH.
GOOD/Columbia: Auszug aus *All Of Me* von John Legend. ℗ 2013 Getting Out Our Dreams and Columbia Records, a Division of Sony Music Entertainment.
Unger-Nübel, A. (2022): „Innerer Kritiker – Woher er kommt und wie wir mit ihm umgehen können." In: *HelloBetter*. Verfügbar unter: https://hellobetter.de/blog/innerer-kritiker/ (zuletzt abgerufen: 06.03.2024).
Jetten, J. (2023): „Gaslighting – so erkennt man die gezielte Manipulation". In: *BARMER*. Verfügbar unter: https://www.barmer.de/gesundheit-verstehen/psyche/psychische-gesundheit/gaslighting-1072304 (zuletzt abgerufen: 06.03.2024).
Sabater, V. (2023): „Narziss, die Geschichte eines selbstsüchtigen Egoisten." Verfügbar unter: https://gedankenwelt.de/narziss-die-geschichte-eines-selbstsuechtigen-egoisten/ (zuletzt abgerufen: 10.02.2024).
Sweet, P. L. (2019): „The Sociology of Gaslighting." In: *American Sociological Review*, 84(5), S. 851–875.
Yakeley, J. (2018): „Current Understanding of Narcissism and Narcissistic Personality Disorder." In: *BJPsych Advances*, vol. 24, S. 305–315.
Schwarz, L. (2022): „Narzisstische Persönlichkeitsstörung". In: *Medisiegel*. Verfügbar unter: https://medisiegel.de/gesundheit/narzisstische-persoenlichkeitsstoerung (zuletzt abgerufen: 06.03.2024).

HUBERT, M. (2022): „Psycho-Revolution: Neustart für die Diagnosen der Psychiatrie." In: Deutschlandfunk. Verfügbar unter: https://www.deutschlandfunk.de/psychiatrie-diagnosen-icd-100.html (zuletzt abgerufen: 10.02.2024).

JIVE RECORDS: Auszug aus ... *Baby One More Time* von Britney Spears. ℗ 1999 Zomba Recording LLC.

SRC/UNIVERSAL: Auszug aus *Lonely* von Akon. © 2005 Universal Records, a Division of UMG Recordings, Inc. ℗ 2005 Universal Records, a Division of UMG Recordings, Inc. and SRC Records, Inc.

UNIVERSAL: Auszug aus *Allein Allein* von Polarkreis 18. © 2008 Universal Music Domestic Rock/Urban, a division of Universal Music GmbH. ℗ 2008 Universal Music Domestic Rock/Urban, a division of Universal Music GmbH.

PIWON, J. (2022): „Therapieplätze: Viel Nachfrage, wenig Angebot." In: *Tagesschau*. Verfügbar unter: https://www.tagesschau.de/inland/gesellschaft/therapie-pandemie-101.html (zuletzt abgerufen: 10.02.2024).

PARK, C., MAJEED, A., GILL, H., TAMURA, J., HO, R. C., MANSUR, R. B., NASRI, F., LEE, Y., ROSENBLAT, J. D., WONG, E., MCINTYRE, R. S. (2020): „The Effect of Loneliness on Distinct Health Outcomes: A Comprehensive Review and Meta-Analysis." In: *Psychiatry Research*, 294, S. 113514. Verfügbar unter: https://doi.org/10.1016/j.psychres.2020.113514 (zuletzt abgerufen: 10.02.2024).

LUHMANN, M., BÜCKER, S. (2019): Einsamkeit und soziale Isolation im hohen Alter. Projektbericht. Ruhr-Universität Bochum. Verfügbar unter: https://doi.org/10.13154/294-6401 (zuletzt abgerufen: 10.02.2024).

WEISS, R. S. (1973): *Loneliness: The Experience of Emotional and Social Isolation*. Cambridge: MIT Press.

PANTEL, J. (2021): „Gesundheitliche Risiken von Einsamkeit und sozialer Isolation im Alter." In: Geriatrie-Report 16. Heidelberg: Springer Verlag, S. 6–8. Verfügbar unter: https://doi.org/10.1007/s42090-020-1225-0 (zuletzt abgerufen: 10.02.2024).

O.V. (2021): „FOMO: Was kann man gegen die Angst, etwas zu verpassen, tun?". In: *AOK*. Verfügbar unter: https://www.aok.de/pk/magazin/koerper-psyche/psychologie/jomo-gegen-fomo-tipps-gegen-die-fear-of-missing-out/ (zuletzt abgerufen: 06.03.2024).

MILYAVSKAYA, M., SAFFRAN, M., HOPE, N., KOESTNER, R. (2018): „Fear of Missing Out: Prevalence, Dynamics, and Consequences of Experiencing FOMO." In: *Motivation and Emotion*, 42(5), S. 725–737.

ELHAI, J. D., YANG, H., MONTAG, C. (2021): „Fear of missing out (FOMO): Overview, Theoretical Underpinnings, and Literature Review on Relations With Severity of Negative Affectivity and Problematic Technology Use." In: *Revista brasileira de psiquiatria*, 43(2), S. 203–209.

JIVE RECORDS: Auszug aus *Stronger* von Britney Spears. ℗ 2000 Zomba Recording LLC.

TEIL 3 – Guck mal raus! Geht die Welt unter?

Baron de Montesquieu, C. d. S. (2000): „Man will nicht nur glücklich sein, sondern glücklicher als die anderen …" In: *Meine Gedanken. Mes Pensées – Aufzeichnungen*. Verfügbar unter: https://www.aphorismen.de/zitat/6374 (zuletzt abgerufen: 24.02.2024).

Bundeszentrale für gesundheitliche Aufklärung (2020): Glücksspielverhalten und Glücksspielsucht in Deutschland. Ergebnisse des Surveys 2019 und Trends. Verfügbar unter: https://www.bzga.de/fileadmin/user_upload/PDF/studien/BZgA-Forschungsbericht_Gluecksspielsurvey_2019.pdf (zuletzt abgerufen: 10.02.2024).

Fine/Four/Columbia/Sony: Auszug aus *One Day/Reckoning Song (Wankelmut Rmx)* von Asaf Avidan. ℗ 2012 FOUR MUSIC PRODUCTIONS GmbH, a Sony Music Entertainment company.

Schrader, J. (2018): „The Science Behind What Tinder Is Doing to Your Brain." In: *Psychology Today*. Verfügbar unter: https://www.psychologytoday.com/us/blog/after-service/201805/the-science-behind-what-tinder-is-doing-your-brain (zuletzt abgerufen: 10.02.2024).

Cacioppo, J. T., Cacioppo, S., Gonzaga, G. C., Ogburn, E. L., VanderWeele, T. J. (2013): „Marital Satisfaction and Break-ups Differ Across on-line and off-line Meeting Venues." In: *Proceedings of the National Academy of Sciences of the United States of America*, 110(25), S. 10135–10140.

Cole, S. (2020): „Pornhub hat gerade Millionen Videos gelöscht." In: *Vice*. Verfügbar unter: https://www.vice.com/de/article/jgqjjy/pornhub-hat-gerade-millionen-videos-geloescht-schutz (zuletzt abgerufen: 10.02.2024).

Warner Music Group Germany: Auszug aus *Onlyfans* von Katja Krasavice. © 2022 Katja Krasavice. ℗ 2022 Katja Krasavice.

Def Jam: Auszug aus *Love Yourself* von Justin Bieber. © 2015 Def Jam Recordings, a division of UMG Recordings, Inc. ℗ 2015 Def Jam Recordings, a division of UMG Recordings, Inc.

RuPaul Charles Music: Auszug aus *Can I Get An Amen?* von RuPaul feat. The Cast Of RuPaul's Drag Race Season 5. © 2013 World of Wonder Productions Inc.

Roc Nation/Westbury Road: Auszug aus *Work* von Rihanna. © 2016 Westbury Road Entertainment. Distributed by Roc Nation Records. ℗ 2016 Westbury Road Entertainment. Distributed by Roc Nation Records.

RCA: Auszug aus *Work Bitch* von Britney Spears. ℗ 2013 RCA Records, a division of Sony Music Entertainment.

TEIL 4 – (Die große) Liebe

O.V. (2022): „Toxische Beziehung: So erkennen Sie psychische Gewalt." (2022). In: *AOK*. Verfügbar unter: https://www.aok.de/pk/magazin/familie/beziehung/ist-ihre-beziehung-toxisch/ (zuletzt abgerufen: 06.03.2024).

Streamline/KonLive/Cherrytree/Interscope: Auszug aus *Bad Romance* von Lady Gaga. An Interscope Records Release. © 2009 UMG Recordings, Inc. ℗ 2009 UMG Recordings, Inc.

Geffen/Interscope: Auszug aus *Drivers License* von Olivia Rodrigo. © 2021 Olivia Rodrigo, under exclusive license to Geffen Records. ℗ 2021 Olivia Rodrigo, under exclusive license to Geffen Records.

Dutton, D. G., Painter, S. (1992): „Emotional Attachments in Abusive Relationships: a Test of Traumatic Bonding Theory". In: *Violence and Victims*. 8, 2, S. 105–20.

Reid, J., Haskell, R., Dillahunt-Aspillaga, C., Thor, J. (2013): „Contemporary Review of Empirical and Clinical Studies of Trauma Bonding in Violent or Exploitative Relationships." In: *International Journal of Psychology Research*. 8(1), S. 31–73.

Forth, A., Sezlik, S., Lee, S., Ritchie, M., Logan, J., Ellingwood, H. (2022): „Toxic Relationships: The Experiences and Effects of Psychopathy in Romantic Relationships." In: *International Journal of Offender Therapy and Comparative Criminology*, 66(15), S. 1627–1658.

Schulz von Thun, F. (1981): *Miteinander reden. Bd. 1: Störungen und Klärungen. Psychologie der zwischenmenschlichen Kommunikation*. Hamburg: Rowohlt.

O.V.: „Vier-Ohren-Modell: Definition, Erklärung & Beispiele." In: *studienretter.de*. Verfügbar unter: https://studienretter.de/vier-ohren-modell/ (zuletzt abgerufen: 06.03.2024).

Rosenberg, M. B. (2012): *Gewaltfreie Kommunikation: Eine Sprache des Lebens*. Paderborn: Paderborn: Junfermann Verlag.

Kast, V. (2013): *Trauern. Phasen und Chancen des psychischen Prozesses*. Freiburg im Breisgau: Kreuz Verlag.

ZYX: Auszug aus *Love Is Everywhere* von Caught In The Act. © 1980 ZYX Music. ℗ 1980 ZYX Music.

ALLGEMEINE QUELLEN

World Health Organization (1992): International Classification of Diseases, 10th Revision (ICD-10). Geneva, Switzerland.

World Health Organization (2018): International Classification of Diseases for Mortality and Morbidity Statistics, 11th Revision (ICD-11-). Geneva, Switzerland.

American Psychiatric Association (2013): Diagnostic and statistical manual of mental disorders (5th ed.). Arlington.